For OneASIA

ワン・アジアに向けて

崔 吉城 編

発行◆東亜大学東アジア文化研究所
発売◆花乱社

装丁＝長谷川義幸 [office Lvr]

発刊の辞

　人口減少傾向が激しい。地方ではよりその現象が著しい。大学もそうである。個人も高齢化によってそうである。シャッターを下ろしたままの店が並び衰退現象が目立つ。小・中・高、そして大学までも学生減少で教育が難しくなる。再生のために「地方創生」が叫ばれている昨今である。

　しかし、今のこれらの状況に関して、私は必ずしも否定的には考えていない。空間が広く、空気が汚染されずに、文化や社会が成熟していくようにも考えられるからである。

　私にとって下関は、居住以前の植民地朝鮮からの引揚者調査の時からの縁である。萩の吉田松陰を知るようになってからは、この地域の歴史に関心が高まった。そして大学で、寺子屋教育を想起して質の高い教育を願っている。

　この度、ワンアジア財団から支援を受けて、広くアジアの著名な研究者や学者を招請し公開講座を行うことができた。感謝である。

　私は文字文化を尊重し、拙著もいくつかある。しかし、ネットや映像が盛んなこの時代を生きることも楽しんでいる。そして、以前から映像と文字文化を調和させた本を作りたいと考えていた。さらにもう一つは、地域に生きる者として地方の文化を紹介したい。本書がその一つである。

　本書は2部で構成されており、1部はワンアジア財団支援公開講座「ITによるアジア共同体教育の構築」の報告書であり、15回行われた講義の概要を私がまとめた。またその映像を30分弱にまとめたDVD

を付録とした。

　第2部は「記憶と記録」として、日中戦争参戦の現場で写した貴重な写真とインタビュー、満洲映画協会に勤めた生き証人の方の話、植民地と戦争の時期に日韓を往来しながら生きてきた方のインタビューを収録した。これは、その時を生きた方々の貴重な体験であり、また歴史に残る大切な資料にもなるものである。

　南京戦争の話の中では「慰安室」の写真を指差し、慰安婦の話になったのは印象的だった。写真を提供して下さりインタビューに応じて話をして下さった小山正夫元上等兵は、100歳にあとわずかという時に亡くなられた。ご冥福を祈るとともにご家族のご協力に感謝し霊前にこの書を捧げたい。

　最後に、本書発刊においてはワンアジア財団からの御支援をいただいた。撮影協力は元ＫＲＹテレビ局カメラマンの権藤博志氏、下調べなどは本山大智君、採録などには字幕山口県サークルＥラインの口羽りあ氏の御協力をいただいた。また瞬報社の大﨑多恵氏、花乱社の別府大悟氏には大変お世話になり、感謝である。また調査に協力してくれた家内の幸子にも謝意を表したい。

2017年3月29日

崔　吉城

目　次

発刊の辞 ……………………………………………… 崔　吉城　3

2016年度ワンアジア財団支援講座
第1部　ITによるアジア共同体教育の構築

講座一覧（2016年10月1日〜2017年1月21日） ………………11

ワン・アジアに向けて …………………………………………13

　「アジアの社会、文化と共同体」………………… 崔　吉城　15

　「大学の国際戦略としてのアジア」…………… 櫛田宏治　20

　1）ワン・アジア ………………………………………23

　2）民族主義、ナショナリズム …………………………26

　3）「台湾は捨て子」………………………………………28

　4）アジアとは……………………………………………32

　5）世界観 …………………………………………………34

　6）戦争と地図 ……………………………………………35

　7）アジア共同体の原点 …………………………………39

　8）言語の壁 ………………………………………………42

　9）暦と美 …………………………………………………44

　10）断髪 ……………………………………………………47

　11）スパイスロード ………………………………………49

　12）オリンピック …………………………………………50

　13）アジアの人類集団：民族ビビンバ …………………52

第2部　記憶と記録

小山正夫上等兵が撮った日中戦争 ･･････････････59

撮影・口述：小山正夫／聞き手：崔　吉城・本山大智

1	アルバム ･･････････････ 62
2	支那美人 ･･････････････ 69
3	「慰安室」 ･･････････････ 72
4	出征 ･･･････････････ 77
5	鉄道部隊 ･･･････････････ 89
6	汽関車 ･･･････････････ 104
7	反日 ･･･････････････ 112
8	戦場 ･･･････････････ 115
9	戦闘 ･･･････････････ 127
10	風景・人物 ･･･････････ 139
11	「娘子軍」 ･･･････････ 147
12	負傷・帰還 ･･･････････ 153
13	終戦 ･･･････････････ 156

満洲映画協会 ･･････････････････164

口述：緒方用光／聞き手：林　楽青

日韓往来談 ……………………………………………………183

口述：裵　末連（ベ　マリヨン）／聞き手：倉光　誠

はじめに ………………………………………………………183

〈創氏改名〉……………………………………………………184

〈小学校〉………………………………………………………185

〈母が亡くなる〉………………………………………………186

〈終戦〉…………………………………………………………188

〈韓国へ帰国〉…………………………………………………191

〈学習〉…………………………………………………………198

〈父が亡くなる〉………………………………………………204

〈朝鮮戦争〉……………………………………………………205

〈再来日〉………………………………………………………207

〈教会〉…………………………………………………………208

〈仏壇〉…………………………………………………………208

インタビューを終えて …………………………… 倉光　誠　211

　１．小学校の先輩としての裵さん………………………………211

　２．日本敗戦後何歳で祖国に帰ったかについて ………………213

　３．創氏改名や朝鮮戦争など歴史的な出来事について …………215

編集後記　インタビューという方法 ……………………… 崔　吉城　217

第1部

2016年度ワンアジア財団支援講座
ITによる
アジア共同体教育の構築

講座一覧

- ・開講期日　2016年10月1日〜2017年1月21日
- ・毎週土曜日・4時限（14：30〜16：00）
- ・開講場所　東亜大学内　13号館2階　202教室

	月/日	講　師	テーマ
①	10/1	崔吉城（広島大学名誉教授、東亜大学教授）櫛田宏治（東亜大学教授・学長）	アジアの社会、文化と共同体
②	10/8	黄智慧（台湾・中央研究院助理研究員）	多民族多文化社会の台湾からみるアジア共同体の構築
③	10/15	鵜澤和宏（東亜大学教授）	アジアの人類集団、そしてアジア共同体
④	10/22	金俊（中国・浙江工商大学副教授）	アジア言説の再構築と新型共同体の形成について
⑤	10/29	川村博忠（東亜大学客員教授）	絵図から見るアジア
⑥	11/5	鄭俊坤（ワンアジア財団首席研究員）	今、なぜアジア共同体なのか
⑦	11/12	黄有福（中国・中央民族学院教授）	アジア共同体の形成と異文化コミュニケーション
⑧	11/19	上水流久彦（県立広島大学准教授）	民族構成とナショナリズムからの脱出
⑨	11/26	姜信杓（韓国・仁濟大学校名誉教授）	スポーツとオリンピックからみるアジア
⑩	12/3	松原孝俊（九州大学名誉教授）	東アジアの国際交易ネットワーク
⑪	12/10	原田環（県立広島大学名誉教授）	韓国の近代とアジア
⑫	12/17	孫蓮花（中国・大連理工大学准教授）	アジアの社会、言説とアジア共同体
⑬	12/24	金田晋（広島大学名誉教授、東亜大学教授）	アジアの美
⑭	1/14	小林茂（大阪大学名誉教授）	東アジアの近代地図研究と地図画像データベース
⑮	1/21	佐藤洋治（ワンアジア財団理事長）	やがて世界は1つになる

講義風景

ワン・アジアに向けて

　私は去年、カンボジア大会で初めてワンアジア財団の佐藤洋治理事長にお会いし、講演を聴かせていただいて、企業家でありながら思想家であることを知った。彼は各国で「アジア共同体」の講座を創設し、世界的に支援している[1]。つまり大学の講座を支援し、また直接教壇に立って力説する。教育を通して世界が一つになることを夢として、「やがて世界は1つになる」という精神を訴えている。彼は、アジアは世界の一部であり、常に世界に広がるべきだと言う。そのためにはまず自己（自我）を卒業して「人」となることが必要であると主張する。具体的には国家という壁を越え、東アジアへ、アジアへ、世界へ、地球へ、あるいは広い地域、多様な民族と国家などの壁を越え世界が一つになることを希望している。

　東亜大学は上掲財団の趣旨に賛同し、支援を受け、「ITによるアジア共同体教育の構築」をテーマに15回の「アジア共同体」構築のための学際的なプロジェクト式の公開講座を行った。アジアという言葉や認識は西洋中心から始まった。それは地図発展史から検討された。広大な地域、多様な民族と文化が存在して、王国や国民国家が形成されている。それらは時には政治的葛藤や戦争、そして植民地もひき起こした。人類史は常に葛藤と紛争、和解と調和を繰り返しながら存在している。

　本講義は、それぞれ優れた研究業績の上に共同体の構築に向けて提案や方法を提供することにした「教育の構築」である。それは教授法、

1　すでに450余か所の高等教育機関に支援した。

講義方法などの改善に挑戦することでもあった。従来の講師中心の知識伝達注入式の講義ではなく、受講者中心に問題意識を持って回答を模索する対話式教育方法である。講師とコメンテーターの議論を設け、担当教授は毎回シラバスから総合的問題意識を喚起させ、前回の講義終了時に書いた学生たちのコメントを紹介し、講義終了前には学生や市民と質疑をし、全体の流れを理解するようにした。

　本講義はすべてITによって公開し、広くアジア、世界と共有することも行った。講義ではスカイプで多くの研究者が参加して討論し、意見交換ができた。またフェイスブックにて中継しながら質問を受けることもできた。特に韓国や中国の大学と連携して積極的に議論した。つまり「ITによる」とはインターネットを通して教室の外側の現地の研究者と繋げて映像参加を含め、スカイプで質疑に参加していただき、討論もできるようにした。

　これはこの講座の特徴でもある。外部（沖縄、名古屋、広島、大阪など）、海外（オーストラリア、中国、韓国、台湾）の多くの優れた研究者との映像交流は部分的ではあるがワン・アジアの可能性を味わえたと言える。李文哲、林楽青、張竜傑、金弼東、姜海守、堀まどか、許点淑、中村八重、孫蓮花、楊小平、ADAM ZULAWNIK（以上映像参加）、川野裕一郎、清永修全、礒永和貴、山田寛人のコメンテーターの諸氏、通訳に魏鐘振氏、ネットは白君、柴田君、撮影は権藤博志氏が担当した。第一次年度の最初の講義では私と櫛田学長が以下のように語った（配布資料による）。

「アジアの社会、文化と共同体」　　　　　　崔　吉城

崔　吉城

「なぜ今アジア共同体か」と思う人も多いだろう。広大な大陸をベースに偏狭で内向きな集団化の思想に過ぎない、あるいは世界へ広がる勢いとは逆行する地域結束の現象ではないか、と考えられるからである。アジアの連携と国際関係、経済共同体の構築は可能であろうか。国際化（国家間の関係）やグローバル化（地球上の全てに広がる）に真っ向から反対する、分離独立の地域中心主義的ナショナリズムが強まっているのが現状である。

　ワンアジア財団の佐藤洋治理事長は、アジアが世界の一部であり、常に世界に広がるというユニバーサルなスタンスを持っておられる。彼の講義では、異文化とは異様な存在なのか、理解すべきものなのか、蔑視すべきなのか、否、理解し認めて愛し合うこと、平和を作るという意思を強く感ずる。つまり国家という壁を越え、東アジアへ、アジアへ、世界へ、地球への意思が読み取れる。人種、民族、国籍の壁を乗り越えて、環境問題に協力、異文化交流と人的交流の拡大などアジア共同体の構想を主張する。多民族社会や国家によりグローバル化は必然と思ってもよい。

　アジアはどこまでか。東部だけでも東南アジア、東アジア、東北（北東）アジア、極東アジアなどの名称がある。東アジアとは「アジア大陸の東部に位置する太平洋に面した地域」を意味する。西洋から東という方向、地域エリアを思い、日本を東端にして各国家があり、中国の東北三省とロシア・シベリア、朝鮮半島、台湾が含ま

れるだろう。エリアとして東アジアの概念には中国の中西部や南部を含むのは難しく、むしろロシアが含まれる。しかし古くは中国を中心に思想、宗教、たとえば儒教文化、漢字文化が伝播、輸入されて文化圏を形成した歴史を持つ東アジアには、ロシアは含まれない。一般的に東アジアといえば日本、韓国、中国、台湾などの国家群を指す。

アジアは歴史と社会が多様である。多様な民族がそれぞれ異なった社会構造や文化を持っている。特に近代国家が誕生してからは国家間競争意識が高まって、植民地、戦争などにより不和緊張が続いた。政治的には近代国家が国家意識を高めながら不幸な歴史を持っている。特に尖閣諸島問題、竹島問題、日本海呼称問題、歴史の教科書、言葉の問題など国境が妨げになっている。グローバリズムとは逆行の国粋主義によって日本と中国と韓国は、それぞれ歴史認識に隔たりが大きい。

マレーシアのマハティール首相により初めて東アジア共同体論が提案された。それは主に経済的共同体であったが、安全防衛まで広がっていった[2]。ASEAN＋東アジア3国による連携、インドやオーストラリアなども参加するようになった。2005年小泉純一郎総理が「東アジア共同休の構築」の目標を宣言し、その後2009年鳩山由紀夫内閣によって「東アジア共同体」が再び言われた。それは欧州の経験を模範として東アジア共同体形成を目指す点で、政治統合を目指すものであり、従来日本が構想したものとは明らかに異なる。

2　財団法人霞山会、『東亜』2010年4月号特集「東アジア共同体の多角的検討」
　　39ページ

そのリーダーシップの問題になると中国と日本が主導的であり、韓国の協力を得ることが大事である。そこには大きな阻害要因があり、歴史問題で暗礁に乗りあがっている。韓国は共同体の本質より日本の右翼化を恐れ[3]、戦前日本が叫んだ「大東亜共栄圏」を言い出す。日本帝国の侵略支配を正当化するためのイデオロギーやスローガンだと言う人もいる[4]。

歴史認識が話題になっている。特に戦後処理の問題が話題になる。歴史が危険視されている。神社参拝・竹島（独島）の問題で日韓関係がギクシャクしている中、ソウルで日韓協力委員会は「東アジア共同体を目指す日韓協力」を討論した[5]。EUのような通貨統合に向けて可能性ありと言う人、反面無理しても外に開かれた形で自由貿易の壁を取り払うことが望ましいと言う人もいた[6]。それがアジア・太平洋地域の新しい秩序を模索する上で一定の影響を及ぼした。そこでアジアの連携、そして共同体的な認識が基礎になることを願っている。

青木保氏[7]は2009年、東亜大学創立35周年記念公開講演で「東アジア共同体形成と学術交流」という題で重要な提案をされた。EUや「東アジア共同体」という言葉を聞くと、通貨など経済的なこと

3　미야지마 히로시 「일본동아시아 공동체론의 현주소」『역사비평』 2005 년 가을 247 페이지
4　김정현 일제의 대동아공영권 논리와 실체『역사비평』 1994 가을호 71 페이지
5　日韓協力委員会「日韓協力」平成 18 年 4 月 1 日
6　財団法人霞山会、『東亜』2010 年 4 月号特集「東アジア共同体の多角的検討」12-26
7　『「日本文化論」の変容』中公文庫 1999、文化庁長官、日本民族学会（現在の日本文化人類学会）会長歴任

を考える人が多いが、実は文化を考えなければならない。また「文化」と言うと中国に起源して朝鮮半島を経由して日本に定着したという古い説が思い浮かび、儒教文化や漢字文化云々と言う人が多い。しかし、それら漢字文化などは国によっては無くなったり深く地域化したり、変異したりしており、共通性を持つのは難しい。

　一番共有できるのは、映画、音楽、マンガ・アニメなど流行する新しい現代大衆文化であり[8]、その文化の核心部を牽引するのは大学である。世界でアメリカの力が大きいのは、その中核で大学が機能しているからであると言う。東亜大学は「東アジア大学UNIVERSITY OF EAST ASIA」として下関というロケーションからもよい条件がそろっている。その機能を果たしていくことを期待している。たとえば東亜大学と韓国や中国の大学が連携して「東アジア大学大学院」を作る。具体的には姉妹提携や講義交流をすることにより積極的に共通の文化を研究する人材を育成することができる。そのためには財団設立と経営、言葉の問題などを解決していく必要性がある。それ自体が異文化を体験することであり研究することにもなる、と述べた。

　私は2013年東亜大学40周年記念シンポジウムで、グローバリゼーションと国際化が進んでいると思われているが、それが危険性を持っている、つまりナショナリズム、右傾化を警告し、東アジアの文化共同体の構築の重要性を指摘した。さらにペルシャ湾岸の文化、対馬海峡との比較で、運河や海峡の概念について触れ、海はも

8　張竜傑「イデオロギーと脱イデオロギーの狭間から——韓国の青少年が夢中になる日本のポピュラー文化」土佐昌樹・青柳寛編『ポピュラー文化が紡ぎ出す〈想像のアジア〉』めこん 2005

第1部　ITによるアジア共同体教育の構築　19

東亜大学創立者　櫛田　薫

ともと国境がなく、「海峡」とは国境概念がなく、共有するものである。元々共有する、つまり関門海峡と朝鮮海峡[9]の海の境界を超えていく、境界を超えるボーダーレス越境観念から考えて、「東アジア」において、歴史認識論をテーマにして、インターネットを通して韓国、中国・台湾の姉妹大学を結ぶ遠隔授業の構想として「東アジア共同学術交流ネットワーク作り」を提案した。

　そして大学が共同体構築の核心部を牽引していきたいと考えている最中に、ワンアジア財団からの支援が決定された。お陰様で東亜大学を発信地として、下関から東アジアの文化交流、文化政策などへの提言と学生や市民との討論ができることを期待してこの度の公開講座を開設することができた。

9　国際的には大韓海峡（Korea Strait）は対馬海峡全体の呼称

「大学の国際戦略としてのアジア」　　　　　櫛田宏治

櫛田宏治

今や日本は、第二の開国を迫られている。日本は今から約150年前、1854年に日米和親条約により、200年にわたる鎖国の時代に幕を下ろし、開国した。その後、函館、横浜、長崎が開港し、アメリカの他、イギリス、フランス、オランダ、ロシアと国際関係を築いた。混乱と改革の嵐が吹き荒れ、明治維新に至った。

それから150年たった。私たちは、世界をこれからいかに認識し、いかにつながり、そして世界はこれからどのように変わっていくのかを考えてみた時、様々な前提条件が昔のものと違っていることに気づく、あちらこちらで新しい世界の枠組みが提示され、そこにどうかかわって生きるかが問われ続けている。時代とともに多層的に揺れ動く多様な枠組みに対して、冷静に大局的に見ながらかかわり、直面する課題に取り組んでいきたい。ともすれば、自分のいる位置を見失ってしまいがちであり、しかしながら立ち止まってばかりはおられないのである。

「インターネットを通して現地の研究者と繋げて映像参加を含め、討論もできる」とした今回の講座の在り方も、大変実験的であり、海外の多くの優れた研究者との交流はワンアジア財団の支援で実現した。深く感謝する。私は、いろいろな事柄が従来型の価値観でとらえにくくなっている変化の時代に、必要とされる大学の教育と研究の役割というものを考える。未来のアジアから世界へ広がる枠組みで未来社会を捉えようとしたときに何が見えてくるのだろうか。

私たちは出会い、直接触れ合い、交流と交信を継続する過程で初

めて理解できるものがある。行動を起こし、初めて手にできるものがある。一つは、友情と信頼である。ここから新たなものが生み出される。そういった意味で、アジアには新たな創造の源泉が豊富に存在するように思われる。東亜大学は、今からちょうど50年前、大学設置の準備を始めた創設者櫛田薫が世界の大学を視察し、これからの世界に必要とされる大学の在り方を検討した。名称を東亜大学UNIVERSITY OF EAST ASIAとし、国際的かつ学際的な総合大学を目指している。ここで何ができるであろうか。いかに国際社会と協働し、どのような貢献が可能かを考えていきたい。世界に点在する友人たちと直接会って話をすることとなる。

　教育は人を作り、教育によって開かれた目を持った人間が国を作る。新しい世代が、これからのアジアの、新しい世界の動きを牽引する。今、大学の果たさなければならない社会的使命は大きい。新しい時代の教養や専門教育のあり方、人間教育の在り方が問われているのだ。国際的人材育成の要点は異文化理解であると考える。多様性を受容し対話を重ねることが重要とされる。科学的分析と合理的な判断は重要であるが、それだけではないだろう。経済は大切だが、経済だけで何もかもが解決できるわけではないと考える。10年先の世界は誰にも予測できないが、力を合わせて明るい未来を創ると決意することはできる。

　今を生きることが、10年20年後の自分自身の姿をきめていくのだから、出会いを大切にしていこう。昨日と同じことをやっていればよかった時代ではなくなっている。先の見えない時代だからこそ、新しい世界を拓いていくためにも、アジアを理解していくことにとどまらず、私たちが引き寄せ、起こっていくすべてを許容していく

覚悟で物事を進めよう。岡倉天心の「アジアは一つ」の理想の背景には大きくは仏教的な流れと儒教的な流れが、道教的な土壌で複合、融合していくという、壮大な歴史過程が展望されている。

　パフォーミング・エデュケーションの時代である。この講座のテーマの一つである「ITによる」が新しい情報技術によってコミュニケーションのあり方が変化し、産業の在り方、経済、政治、文化、生活の価値観が根底から覆される時代である。情報技術の革新によって世界は一つになったと同時に、様々な階層・レイヤーが形成され、複層的に社会が形成される。個人と個人、社会と個人、社会と社会が様々な形でつながり合う、影響し合う。

　情報工学の基礎を学ぶ。マーケティング、経済、経営、ファイナンスを学び、起業家を目指す。多くの国でインフラの整備が進み、それに伴って生活は至便となり、新技術も進展し、ロボットや人工知能の開発に多くの投資がなされている。企業の経済、組織の経済、個人の生活の経済について様々な考え方が生まれ、新しい仕組みが試される。そのために、社会の価値観やシステムは、いろいろなところで解体と構築を繰り返している。教育においては今やICTとアクティブラーニングが融合している。教育の現場でも、個人が輝き、組織として協調する、質の高い音楽を創造するジャズセッションをイメージしたい。

佐藤洋一財団理事長の講義

1）ワン・アジア

　鄭俊坤博士（ワンアジア財団首席研究員）の「今、なぜアジア共同体なのか」という題目が何を示唆し、何を問題提起をするのか聞きたくなる。彼はまずアジアの民族の多様性を強調、写真を見せながら、それから「卒業」すると言った。その言葉は、佐藤洋治理事長と共有する。佐藤氏は、個人の個性（自我）や民族を卒業して普遍的な人間性を追求することによって、そこから世界が一つになると主張している。したがって本講座は鄭氏の「今、なぜアジア共同体なのか」から始まり佐藤氏の「やがて世界は１つになる」という結語までつながるものと理解して欲しい。

佐藤洋治　　　　　　　　鄭　俊坤

　まず、卒業すべき個人と国家とはなんだろう、と耳を傾けた。佐藤氏は「自己とは」「人間とは」「国民とは」「国家とは」と問うていく。「自我はどこにあるか」「脳にあるのか、心にあるのか」と質問式

講義を行った。

　個人・国家・国民の関係（内面的側面）から、つまり人間に対する根源的な理解、認識をして人間理解から共同体のあり方や方向性を探る。人は最初から国家についての特別な意識を持っている存在ではない。しかしその人間が国民化されると、祖国のために死ぬことを望むようになりうる。つまり国民化されたら自ら他の国民を殺すことを名誉と感じる段階へと変わっていくことも可能である。それは歴史から学べる。何がそうさせたのか。国家であろう。

　鄭俊坤氏は、国家や国民意識は近代国民国家の形成過程の人為的な産物であると前提し、近代国家の持つシステムや制度的壁、近代国民国家の形成過程で創られてきた人々の心の中にある内面的壁（内なる壁）から卒業する必要があるという。そのような近代国民国家の形成により創られてきた人々の心の中にある内面的壁（内なる壁）から脱出すること、つまり「卒業」を主張する。それは「国家」と「国民」の概念に縛られず、国民国家の「制度的壁」と「内なる壁」を超えて、新たな共同体の形成に向かわなければならないと言う。そのためには「自己とは」「人間とは」「国民とは」「国家とは」を考え直すべきであると言う。

　アジア共同体を構築することは、地理的、空間的に国境を超える運帯の意味だけでなく、近代国民国家の形成過程で生み出された他民族、異文化に対する「内なる壁」（偏見・先入観）を卒業（それは他者に対する理解、配慮、違いに対する包容力）し、開かれた共同体、つまり豊かで多様な個性、伝統や文化が尊重されるための共同体を作り上げていくことであると言う。

　政治・経済・安全保障の単位である国家から卒業、また社会、文化、

教育視点から個人が近代国家のシステムや制度の壁を乗り越えること、地域からグローバル化を意識すること、そして格差、貧困、環境、エネルギー、食料、安全保障などによって地理的に国境を越え、人々が移動する。今、産業ネットワークには不可欠なことである。特に才能と富を持つ人々の移動（自選択的に越境）がある。

　時代を越えた全人類的視点にアジア共同体になるヒントがある。「想像の共同体」（ベネディクト・アンダーソン）、「人間の行動を制御する装置」（C. Geertz）から自由になることである。新しいシステム、価値体系、哲学的発想、国民国家は「一つの共同体に一つの文化があり、一つのアイデンティティが形成されうる」という想定から解放する。

　近現代の国民国家において人類は多くの悲惨な暴力と混乱を経験してきた。個人の持つ多様性の尊重を通じて、築き上げて行くために常に新しい変容を続けなければならない。人間の持つ可能性を広げると同時に、豊かで多様な個性、伝統や文化が尊重されるべきである。佐藤氏のいうアジア共同体は最終的には世界が一つになることであり、今までの制度や価値観を超えて、これからの時代に必要な新しいパラダイムの変換を意味する。アジア共同体は、開かれた共同体を指す。

2）民族主義、ナショナリズム

上水流久彦氏は、民族とは何かを問うていた。彼は民族とは「記号」に過ぎないと言い、アジア共同体のために民族という概念にとらわれてはならない、と。言語、地域、経済生活、および文化の共通性のうちに現れる心理状態、共通性を基盤として生じたところ

上水流久彦

の、原初的で昔から連綿と存続してきた実態、歴史的に構成された人々の堅固な共同体、というスターリンの「民族」の定義がある。しかし一方では、政治的に構築され、操作されるカテゴリーとしての民族が存在している。そこに民族性の違いがあるだろうか。

対日感情はどう作られるのか、民族性が問われている場合がある。名乗りと名づけの政治に「民族」は何のために存在するのか？「○○人だから」は説明になっているのか？ どのような時に「民族」に頼るのだろうか？

戦後の状況を民族主義で説明するべきではない。植民地支配に対して民族性からの説明は無効であると言う。むしろ歴史認識、戦後の政治、経済、文化などの関係から問うのが良い。戦後状況そのもの、歴史記憶を主体として、文明との関係、経済的発展、文化的要因、政治的要因を考慮すべきであろう。

日本統治時代に中国大陸では、中国国民党と中国共産党の内戦、戦後国民党が台湾へ、国民党独裁政権の中華民国を誕生させた。国民党政権は台湾文化を否定し、台湾人を三等国民とした。本省人と外省人が軋轢するようになるが、台湾の中国化が進む。そして本省人と外省

人が争うようになった。ナ
ショナリズムとエスノナ
ショナリズムが自らの文化
的アイデンティティを求
め、政治的な自立の強化を
求める。台湾は国民党の統
治を招き、中華人民共和国との対峙を生み出した。ナショナリズムを
脱出するために、1990年代半ばから台湾化、自己アイデンティティ
の強化が行われた。

　そして台湾は、日本植民地時代を国民党時代より肯定的に評価する
ようになった。日本を肯定的に考えるようになったのは戦後である。
したがって日本植民地文化遺産、例えば植民地時代の建物について台
湾は肯定の態度をとると指摘した。中国（満洲）、韓国などがそれぞ
れ植民地遺産について否定、あるいは文化遺産は政府の方針、国民感
情が関与するため、歴史認識や国家アイデンティティが表れるのとは
異なる。

　現在、台湾では日本植民地期の建築物が韓国とは異なり、積極的
に古蹟に指定され、その利活用が進んでいる。それらは緊密な政治的、
経済的、文化的関係に基づく日本への親近感を醸成する。中国大陸
文化と近代的な日本文化との相異は国家アイデンティティの中での
葛藤を意味する。植民地の残滓である「日本」が肯定される。韓国
や南洋群島には見られない歴史経験である。植民地としての歴史は
台湾の歴史の一部であると言う。

　中村八重氏は韓国からスカイプ映像参加して、韓国も中央では植民

植民地「日本」の扱われ方

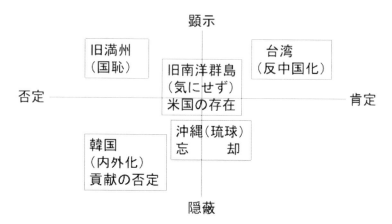

地日帝残滓に否定的ではあるが、最近、地方では地域の文化遺産として意識して保存する傾向があり、変わりつつあると述べた。

3)「台湾は捨て子」

黄智慧氏はあらためて地理的位置を見て、台湾島は東アジア列島弧の中ほどにあって、東北アジアと東南アジアの接点を占め、アジアとオセアニアの境界にもあたっていると言う。国家が存在しない時代にあっては、まさに人集団が南北・東西を往来する時に必ず

黄　智慧

通過する要点である。近年大量に出土した考古学資料によって、無文字時代が非常に長く続き、人集団による活動がきわめて豊富だった痕跡が明らかにされている。本講義では、考古学上の新発見、古地図の解読、漂流記、探検記などに基づき、この島における人集団の生活の歴史を認識し直すものである。

　驚かされるのは、台湾島に人集団が存在した時期は、琉球列島における古人類の活動年代と相応するほど古い。旧石器時代にはすでに人類の活動が認められ、新石器時代になると多種多様な文化が異彩を放つに至った。17世紀以後に台湾西部地域が国家の歴史の時代に入って、以降は、外からの人口移入、先住民との通婚で文化の混成が始まった。20世紀初期の段階でも、先住民を対象とする征服戦争はなお続き、先住民はアジアで最後に征服された民族（また、征服を最後まで拒否し続けた）であった。

　そして「植民地」「戦争」という要因により、台湾では突如として大規模な人集団の移動が起こった。20世紀後半になりやっと民族の構図が安定した。考えてみれば、先住民族、ホーロオ（和佬）人、ハッカ（客家）人、日本内地人、外省人という台湾の5大エスニック・グループは、この100年の間にそれぞれ異なる起源地から人集団と文化的特質を持ち込み、アジアで類例を見ない文明スタイルを織りなすことになった。

　そもそも、台湾人は中華民族の末裔もしくは傍系なのか、それとも全く新しいタイプのアジア人種なのか。この新しい民族のるつぼは、東北アジア・東アジア大陸、東南アジア、オセアニアの島々の文化的特質を兼ね備えており、また野性的なものと古文明的要素が混在している。台湾は、今なお発展を続けるアジア文明の実験室にほかならない。ここで人（集団）という本来の視点に立ち返って、台湾の文化を

認識し直していただき、国家という視点に囚われることなく、アジア文化の可能性を考えていただくことを希望している。

　歴史経験という点では、他のアジア諸国と同じく苦難を強いられた。しかし、植民地を経験したアジア諸国（韓国、北朝鮮、ベトナム、フィリピン、インドネシア、マレーシア、シンガポールなど）が第二次世界大戦後すべて解放の喜びを味わい、新興国として独立したのに、台湾だけはなお独立を達成していない。それだけでなく、20世紀半ばに起きた中国の内戦がなお終結に至らず、中国は台湾に対する領土的野心を抱き続け、統一を国家の核心的利益と見なしている。アジア諸国の中で台湾と韓国だけが戦争の暗い影をなお脱しきれていない。台湾を国際的孤児という逆境に置き去りにした根源は、「植民地」「戦争」の二重苦を残した20世紀の歴史の中にある。

　現実の国際政治ルールにあっては、台湾は仮想的（バーチャル）な存在でしかなく、のけ者であるがために、外部による理解を難しくしている。ただ、近代国家の歴史は台湾的観点に立てば非常に短いもので、人類の歴史全体の中では文字のない歴史時間の方が文字に記された歴史時間よりもはるかに長かった。それ故に、台湾とアジアの関係を理解するには国家の観念を超え、さらに文字に書かれた歴史の束縛から脱することが必要であり、人（集団、エスニシティ）の観点に立ち返って考える必要がある。

　日本と国交がない世界の国々を数えるには、おそらく5本の指でこと足りるであろう。そのうちの2か国は、日本の隣国にあたる北朝鮮と台湾である。前者が世界でも最も反日的、後者が最も親日的なのは皮肉であるが、国交のない国としては一様に処遇されることになる。2か国とも引っ越しのきかない隣国という地理関係にあるから、日本

はこれからも否応なしに対応してゆくほかない。

　台湾と国交のない国は日本だけではない。世界の国の総数は、政治的実態にとどまるものを除き195ほどであるが、国連に加盟していないのは2か国だけで、一つはバチカン、もう一つが台湾である。前者は「神の国」であるから世俗組織に加わる必要はない。台湾は国連創設当初からの加盟国であり、安保理の常任理事国でもあったが、1972年に脱退し今に至っている。以後数十年は医療、民間航空、世界遺産など種々の国際組織の活動に参画する手だてを失い、国名を掲げてオリンピックに出ることもない。

　それでも23か国が台湾と国交を結んではいるが、そのほとんどが中南米とオセアニアの国々であり、アジアはゼロである。国際政治の場で台湾という国は世界の捨て子、アジアの捨て子と言うべき存在である。勿論喜ばしい状況だとは言えないにしても、台湾には揺るぎない自負がある。国としての存在感で言えば、台湾の国際貿易量は世界18位、国内総生産（GDP）は26位、2300万の人口は世界の上位（48位）であり、アジアではいずれもさらに上位となっている。

　以上の講義について、中国山東省の煙台大学の李文哲准教授と本大学の中国研究者と政治的な論争になりそうだったので、私（崔吉城）が仲裁をして学問的に討論するよう誘導した。なお、「世界の捨て子」発言には、中国からの留学生たちは否、中国が見守ってあげるから孤独な捨て子ではないというコメントを書いた。

4）アジアとは

金俊氏は、アジア人自ら意識し始めたのではなく、西洋から意識されたものであるという。つまり「ASIA」の語源から西欧のアジア認識を知ることができる。「ASIA」という語は、紀元前8世紀から紀元前7世紀の頃、古代メソポタミアの人たちがエーゲ海の東

金　俊

を「アス」ASU（「東」「日の出」の意）、西を「エレブ」EREB（「西」「日没」の意）と呼称したことにはじまり、のちに「アス」にラテン語の接尾辞「イア」IAがついてASIAの語が生まれた。紀元前1世紀にはASIAはローマ帝国の属州の名称になっている。それからアジアの範囲はますます大きくなり、現在に至って一つの州の名称となっている。

近代ヨーロッパにおける世界地図の流入と漢字語「亜細亜」の誕生、「アジア」の漢字語の「亜細亜」の出現とマテオ・リッチの「坤輿万国全図」（1602）に、「亜斉亜」の「亜」——醜い、低い、次に「細」——小さい、かすかなというニュアンスがあったのではないだろうか。それは自己中心的であり、西洋では周辺を貶下する傾向があったと言える。

中国が自国を「天下」あるいは中華と言い、周辺を蛮とか夷と呼ぶ「華夷」といわれたのと似ている。このような東洋を意識し始め地球を想像するようになった。その華夷観念として小人国、女人国、食人国、夜国などに対応、挑戦するようになり、"大日本州" FORTIS JAMATO（蝦夷、靺鞨、朝鮮、琉球、台湾、呂宋、爪哇等）などが現れた。

そして帝国主義、植民地支配に対する正当化がなされた。東アジア

の歴史的経験から多民族多文化主義に基づいて新たな「アジア」認識が著しくなった。帝国主義、植民地支配に対する正当化、東アジア、アジア、世界などの言葉は見慣れているが、ここで立ち停まって考えなければならない。

　人類が世界を意識し始めたのは西洋であった。西洋においても古代から移動性が高く世界観が形成されてきたという。古代メソポタミアの人たちがエーゲ海の東をASUと言うことからASIA、アジアはローマ帝国の属州から、啓蒙時代、宗教改革、大航海時代と近代化、植民主義、帝国主義などによってアジア、日本はそれらに相応して模倣、応用をし、内面化し、「黄白大戦」「アジア主義」「大東亜共栄圏」などが現れた。

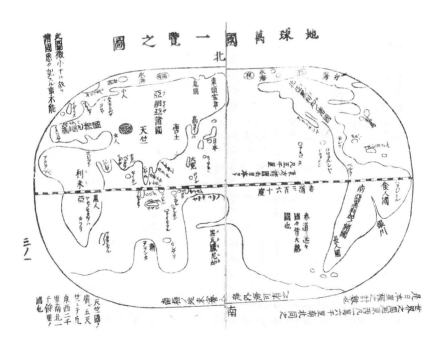

5）世界観

　川村博忠氏は、日本人の世界観は西洋の地理観から発展してきているという。マルコ・ポーロの『東方見聞録』からアジアへの関心が高まった。『東方見聞録』が出る前には、西洋では東アジアは想像の地域であっ

川村博忠

た。マルコ・ポーロは1271年陸路でアジアへ出発、モンゴルでクビライハンに会い、大都（現在の北京）で生活、1295年海路でヴェネツィアへ戻る。

　日本人の世界観はどうであろう。世界観はオルテリウスの世界地図、朝鮮製「混一疆理歴代国都之図」やマテオ・リッチの「坤輿万国全図」など地図の発達によって、中華世界観から西洋の世界観に変容して、アジア観も変遷してきた。西洋志向で西洋学術の優秀性を認め、19世紀に蘭学（医学・自然科学・技術・天文・地理・暦学）が公学化した。それらを考える時、まず浮かぶのは地球儀、地図である。

　朝鮮製「混一疆理歴代国都之図」やマテオ・リッチの「坤輿万国全図」などの画像を見せながら「坤輿万国全図」や「職方外紀」からの脱却、中国軽視の傾向になり中華世界観からの解放、「中華」の否定、「支那」観を形成していった。絵図の研究から世界が意識され、地球儀が作られた経緯、それは特に行政によって作られたという。近代的制度の導入、世界地図にいたる地図の発達が説明された。地球儀とか世界地図を見ながら世界を意識させるものであった。

6）戦争と地図

　地図は現代生活になくてはならないものになっている。とくにコンピュータやスマホ、デジタル地図、さらにGPSの普及によって、カーナビやパソコン、さらにスマホで地図を見るのが普通になり、地図の利用はどんどん増加している。もちろん紙の上に印刷された地図もなお使われているが、地図利用の主体は今やデジタル地図である。

　こうした変化を見ながら、小林茂氏は紙の上に印刷された近代東アジアの地図の研究を進めてきた。それらは必要なものとして作られたことがわかってきた。研究によって、近代の東アジアでは戦争や武力

衝突がしばしばおこり、さらに植民地化がすすみ、地図は多くの地域でそれらに必要なものとして作られたことがわかってきた。アヘン（鴉片）戦争（1940-1942）やアロー（第二次鴉片）戦争（1856-60）に始まり、第二次世界大戦終結（1945年8月）まで、戦争と植民地統治は地図作製とともに進行してきた。

戦争のために作られた近代東アジアの地図が、現在では価値のないものに見えるが、歴史資料としてだけでなく、その間に進んだ都市の拡大や森林破壊、耕地の拡大などを記録する重要なデータとして、学術研究には重要な意義を持っている。現在消えさってしまった、さらには消えさろうとしている景観を示す貴重な文化財になっている。

本講義で、そうした地図の役割とそれがたどった運命についてまず考える。また近年、日本だけでなく、韓国や台湾、アメリカ合衆国ではそうした地図の画像データベースがつぎつぎと公開されていることも紹介した。各地の図書館に眠っていた、忘れ去られた地図がデジタル化されて、容易に見られるようになってきたのである。こうした地図が今後の私たちの生活にどのような意義をもつのか、あわせて考えてみる。

小林　茂

「朝鮮全図」1876年、日本軍作製（海岸線は英国・アメリカの海図、内陸部は中国・朝鮮の図により作製）

　小林茂氏は主に戦争のために多く作られた地図を研究している。日本は第二次世界大戦前のアジアにおいて、戦争や植民地経営に向けて、あるいは戦争のための軍事用地図（外邦図）を多く作製した。アジア太平洋地域については終戦とともにほぼ処分されたが、残ったものを中心に再構成している現状を紹介した。特にお茶の水大学などの資料を中心に復元した。その「外邦図」の作製のプロセスや来歴を研究し、

学術資料として再生した話、台湾・朝鮮・樺太・千島など東アジアや南西太平洋の地図の作製過程、空中写真、土地測量の記録などに触れた。こうした近代東アジアの地図は、重要なデータとして、学術研究には重要な意義を持っている。

　海津三雄、磯林真三、渡邊述、岡泰郷、三浦自孝、柴山尚則、柄田鑑次郎の7名が朝鮮地図を作製した話がなされた。柴山尚則は参謀本部出仕となり、1888年に京城公使館附武官に任命され、3年間の在朝勤務を命じられた。彼によって「大同江概測圖」が作製され、大同江には水深を示す数字がみえる。

　海津は朝鮮の地図作製や地理情報の収集に先駆的な役割をはたしている。1883年元山から中国国境の義州に至り、そこから南下して平壌、漢城を経由して元山に戻る行程を報告した。この旅行中に作製された図が残っている。磯林真三は、1882年朝鮮に派遣され、「臨津江ノ客間」を作製し、地図作製が彼らの主要任務であったが群衆に殺害された。

　「地図をどう作るか」という私の質問に、歩き、上り、渡りなどで方向感覚、高さ、見下ろしなどの方法があり、「路上測圖法」など簡易測量法で、さらに路上測図法では、ルートからはずれる地物は目測で捕捉せざるを得なかったのであろう。コンパスによって方位を確認し、歩測で距離を測りながら道路を進む導線法であったという。多くの場合、画板のような携帯測板上に貼り付けた方眼紙に方位と距離を記入したのである。

7) アジア共同体の原点

黄有福氏は民族学を研究する学者として中国テレビ芸術協会諮問委員であり、3局のテレビ制作者が主催するフォーラムに参加した。年1回、3局を巡回して開催され、今年の第16回中日韓TV制作者フォーラムは中国湖南省で行なわれた。いつもフォーラム

黄　有福

ごとに3国の文化の理解の違いのために議論することになる。2003年のフォーラムでは、歴史認識の問題が主な話題になった。ここではアジア共同体の形成に関して話をしたい。

アジア共同体は形成可能であろうか。中国近代の思想家、政治家、教育家である梁啓超は『飲氷室合集』でアジアは現在ではなく未来にある（亜洲者、不在現在、在未来也)」と言った。まだアジアは現在にある。アジア・コミュニティとは、私たちの夢、未来のことである。アジア、東アジアの平和にも楽観主義と悲観的な見方が共存する。朝鮮戦争とベトナム戦争以降、比較的安定を享受していたが、今、東アジアは不安定な状態にある。

朝鮮半島の南北分断体制に鋭利に対立、米国の支配を抑制する中国の台頭、まだ強力な日本、ヨーロッパおよびアジアに進出するロシアまで登場し、東アジアは、予測不能の不安な状態である。

東アジアの民族、国家および社会は発展している。それらに最も基本的な価値は、人間の考え方や行動様式、およびそれによって作られた独自の文化である。東アジア共同体を形成するには歴史認識問題、領土問題などが存在する。未来に任せるしかないが、東アジア文化の

コミュニティを構築しなければならない。

　東アジアの文化は多様である。歴史的に東アジアは既に文化のブロックを形作った歴史がある。3000余年前から「漢字文化圏」「儒教文化圏」「稲作文化圏」「太陰暦文化圏」「仏教文化圏」などと呼ばれている文化のブロックができていた。それは中華帝国の中心のいわゆる華夷秩序として文化の流れが主に中国大陸から朝鮮半島、日本に伝えられた。もちろん韓国や日本から中国に流入することもあったが、それはあまり研究されていない。近代化においては日本発信の秩序になり、明治維新の後には日本の資本主義の文化が韓国と中国に流れた。それは東亜新秩序と呼ばれる構造と日本のアジア侵略を伴う一方通行だった。

　今日の東アジアではそのように一方的な流れではない。今日の東アジアは互いに相手を見はじめた。経済的相互依存の深化に伴う、生活文化の流れがかなり進歩している状況である。今日の東アジアの文化交流は、古代の秩序の中華中心の文化交流でも、近代の日本中心の東アジア新秩序の中の文化交流でもない。平等な国際関係の構造の中で文化交流が行われる。つまり東アジア文化は相互へ流れ始めている。つまり東アジア文化のペアの方向性の流れが開始したという意味である。

　今グローバル化の空気が地球に拡散され、民族や国境を越えた資本と商品そして人々が移動している。サイバーによって時間と空間を越えるか、または文化の間の境界を越えたCULTURAL BORDER-CROSSING（越境）現象が起こっている。

　人間性は共通しても民族の文化は多様である。人々は文化を共有しながらも国や地域ごとに豊かに生きている。私たちの日常生活も、思考と行動が同じようなさまざまな他人と生きる。異文化の多様性を受

け入れながらお互いの違いを徹底的に再検討する必要がある。

　さまざまな文化が一つのコミュニティを実現するためには、異文化間のコミュニケーションが切実に必要である。独立した文化の主体という観点から、異なる文化間の一方的な文化が伝播することは容易ではなく、相互の交流とコミュニケーションを通じた相互理解、多様性の尊重が必要である。

　大学主催の懇親会に主賓として参加した中国中央民族大学の黄有福氏は、世界的に有名な社会人類学者である費孝通（FEI XIAOTONG）氏に学んだという。黄氏は1980年代に1年間ハーバード大学で訪問研究をした民族学者である。私（崔）は彼に日本をどう思うかと質問した。彼は一般的に中国人たちが日本に来て言う感想の「親切さ」に触れた。

　日本人のお客様に対する最敬礼や敬語などは過剰である。商業の取引は平等な関係であり、過剰な親切は不要だという。私はそれに気づかなかったので新鮮な話だと思った。しかしそれは「お客様は神様である」という考え方に反撃する爆弾宣言のように聞こえた。深く考えてみた。「お客様は神様である」とは卑怯な商術なのか、礼儀作法であろうか。彼は日本人の礼儀正しさと親切さに疑問を投げかけた。

　懇親会では彼を主賓として上座に座らせ最大の敬意を表したことは、我々が彼に服従する不平等な行為であったのかと考えさせられた。礼儀はフレンドリーの表れであり、人間関係を調節する機能がある。過剰な礼儀は人間関係を遠避けることとなる。「お客様は神様である」は礼儀の次元だけではない。尊敬という貴重な心の表現であろう。尊敬は不平等な心理である。しかし、人を愛する心である。

8）言語の壁

アジア共同体の構築に向けて、言語は無視できない問題であり、その中で各国が言語の多様性をお互いにどのように受け入れるか、という点も一つの課題である。このような言語の多様性の受け入れ方は、それぞれの国の言語景観から垣間見ることができる。

孫　蓮花

言語景観とは、「道路標識、広告看板、地名表示、店名表示、官庁の標識などに含まれる可視的な言語の総体」であり、多言語景観とは多言語による表示を指している。よって、言語景観は多言語の存在や勢力関係、あるいはそれらの活力や多数派社会による受容度の指標として、その国の言語政策、言語意識、言語接触、言語受容などを考察する際の切り口になる。

孫蓮花氏は、国際化で問題になる言語の壁に触れた。彼女は、外国人に対する道路標識、広告看板、地名表示、店名表示、官庁の標識などの言語景観を検討した。それは国の言語政策、言語意識、言語接触、言語受容などを知ることになる。

日韓の私的表示（店名、広告看板、チラシなど）においては、日本語・ハングルを基本としつつ、英語、中国語、韓国語／日本語（日本では韓国語表示、韓国では日本語表示）といった多言語表示が増えており、例えば、在日コリアン・コミュニティの場合、オールドカマーとニューカマーの経済活動の変化が韓国語表示の増加につながっている。

しかし、公的表示（公共施設の案内、交通機関の地名表示、緊急・災害時の案内、地域の文化・商業施設マップなど）においては、日本の多

言語景観は、来日する外国人のための多言語使用として行政側によって提供されている場合が多い。これに対し、韓国の多言語景観の公的表示においては、行政側の動きはまだ鈍いと言えよう。

　一方、中国においては、国と地方の言語政策、言語使用規範の規制を受けてはいるものの、私的表示では多言語表示が増えており、外国人の増加や外国との交流及び経済活動による影響が、その地方の言語景観に可視化されていることが分かる。また、外国語表示については、受け入れ側である現地の人達への意識調査（大連での調査）からも分かるように、中国では外国語（日本語）表示について全般的に好意的であり、肯定的に捉えられていることが明らかになった。公的表示においては、北京オリンピックを迎え、主要都市において中英表示にするなどの動きはあったが、全国範囲には広がっていない。

　このように、日中韓の多言語景観における多言語使用は、バックハウス（2009）が指摘した三つの要素、つまり

　①ホスト社会として行政側による外国人のための多言語使用

　②外国人住民による自分たちのコミュニティ用の多言語使用

　③ホスト社会としてホストの側である自分たちのための多言語使用

　この中で、現在の日本においては、①が主な要因ではあるが、②の要因も強まっていくと考えられる。一方、韓国と中国では①と②の要因の動きはまだ弱く、③が現在の言語景観を構成する主な要因となっていると言えよう。

44

9）暦と美

　金田晉氏は、人間を時間論的に考察した。「太陰暦文化圏」として太陰暦つまり月の満ち欠けを基準とすることに注目し、「アジアは一つ」[10]を主張した。「脱亜入欧」のために、日本では1873年に、中国では1912年に、それぞれ暦を西欧化した。韓国では1896年から太陽暦を採用してカレンダーとして使っているが、年の始まりの象徴的な祝日「お正月」をはじめ、8月15夜の秋夕(チュソク)など名節(めいせつ)を陰暦で祝う。

　国際的な政治・経済・外交を考えると、世界共通の尺度をもつことは便利である。また交通機関の発達、情報機器の発達に対応することができる。しかし農耕文化の日本の風土、ある土地の気候、気象、地質、地形、景観などに合うのは陰暦である。

　日本では近代化への象徴的なものとして、1873（明治6）年1月1日

10　岡倉天心『東洋の理想 THE RANGE OF IDEALS』1901年インド旅行中、英文での冒頭の一節 ASIA is one.

にグレゴリオ暦化し、世界共通の時間的な尺度をもつこととなったが、暦の西欧化は統一されていない。日本の新年が韓国や中国にとって大晦日の雰囲気になっていて、「旧正」（陰暦の正月）となっている。

金田氏は時間論的暦を考察した。美術に表われた暦の絵として「夏秋草図

金田　晋

屏風」の「桔梗」、「柿」に表れる季節、暦などを読み取った。彼は、稲作文化を共有している東アジアにおいて陰暦で正月を祝うことを提案した。国づくり、地域づくりの営みとして、住む人の生き方として見直すべきである。このことについて韓国の留学生の金君は、お正月ぐらい新正で祝うことができれば東アジア共同体への一歩になるのではないか、とコメントをした。

農業や漁業を第一次産業とする日本においては、国づくり、地域づくりの営みとして、もっと言えば、そこに住む人の生き方として暦を見直すべきだと思う人が増えている[11]という。

韓国や中国やベトナムでは、旧正月のお祝いで賑わっている。中国ではこの日のために一億人以上の人々が民族大移動する。これからは

---

11 「月と季節の暦」1997年版、1996年。松村賢治『旧暦と暮らす』、ビジネス社、2002年。白井明大『日本の七十二候を楽しむ』東方出版、2012年）あるいは長い歴史の旧暦（太陰太陽暦）の中で築かれてきた美しい伝統をもう一度復活させたいと思いからも来ていることでしょう。（例：国立天文台「伝統的七夕」の提唱、2001年）この伝統への懐旧は、日本の美意識の確認につながっています。（例：奈良博覧会。出雲大社改修事業。「日本経済新聞」連載企画「旧暦と美意識の談話」（薮内佐斗司（彫刻家）2009.11.30

アジアの時代。最近、「アジアの一員である」と政治・経済の側面では発言が盛んであるが、そうであれば、お正月ぐらいはいっしょに祝ってもよいではないかと提案。

　日本的美意識は旧暦と緊密に関係しているという。旧暦というかたちで、近年静かなブームとなっている太陰暦の共通文化でもある。中国文化圏では陰暦のお正月を爆竹などで祝う。金田氏は、日本もそれに加わるのはいかがだろうかと言う。韓国からの留学生の都君は、韓国の暦は食べ物を通して、あるいは新年を占うことで感じると言った。正鵠を得た意見であり、私は、日本では花をもって、韓国では餅をもって暦を表現することを対比して語った。

灰谷正夫「柿」

美術に表われた暦の形象、月の名画を紹介する。酒井抱一の「夏秋草図屏風」、徳岡神泉の「桔梗」、灰谷正夫の「柿」（写真参照）などがあるが、「柿」を見る。

つまり柿の象徴性、月の光によってと季節と時刻を表すという。これについて画家の川野裕一郎氏は、光などは認識しても季節や時間までは意識していないと言い、金田氏の観察した意見は鋭いとしながらも、今アジアでは美術も広場でのパフォーマンス化しているという現象を指摘した。特にスクリーン、ダンス、爆竹などを例にした。それを受けて崔吉城は、美術館から広場へ、花火、爆音、大型スクリーン、パフォーマンスの芸術の大衆化を話題にした。文化と経済は越境現象が著しい。最も共有できるのは映画、音楽、マンガ・アニメなどの新しい現代大衆文化である。ファッションも重要である。

10）断髪

原田環氏は、東アジア3国（日本、朝鮮、清）の近代化における断髪も相互に影響したという話から始めた。1885年頃から日本でバリカンが使用され始め、丸刈、五分刈、八分刈など短く刈り上げる髪型が定着するようになった。断髪令の例外として、相撲の力士の髷(まげ)は

原田　環　　　　　　　清永修全

48

　認められた。注意点として、断髪令は髪型を自由にしてよいとの布告なので、髷を結っていても罰せられることはなかった。李氏朝鮮時代に全国に変服令と断髪令が下されると、これに抗議する断髪令騒動が起こったことは、あまりにも有名である。

　朝鮮では1895年12月30日（旧暦11月15日）に断髪令が出された。男性の髷を切らせる詔勅である。金弘集らが進めていた近代化政策である甲午改革、乙未改革の一環として行われたが、「身体、髪の毛、肌は父母から譲り受けたもので、傷つけないのが孝の始まりだ」という清の辮髪、朝鮮のサントー（総角）、日本の侍の丁髷などを比較的に示した。清と朝鮮では既婚と未婚のヘアースタイルが対照的に反対であった。ロシアなどの髭はステータス、仏教者の丸坊主、つまりヘアースタイルの自由化、ユニセックスにおける平等性などの議論ができた。日本、朝鮮、清の近代化における断髪についても比較をした。

　断髪を手がかりにした東アジア諸国の近代化比較に関するこれまで

　　　清の辮髪　　　　　　朝鮮の総角　　　　　　日本の短髪

の研究には、原田環「朝鮮の文明開化―断髪―」(『月刊基礎ハングル』1987年1月号、三修社)、劉香織『断髪―近代東アジアの文化衝突―』(朝日新聞社、1990)がある。

　伝統的な髪型(男子)の呼称は日本では成人男子――髷(キョク、まげ)、丁髷(ちょんまげ)、髪結い(町人、幕末)であった。朝鮮では未婚男子の総角は三つ編み、清(中国)では朝鮮とは逆に未婚男子の総角は髷、成人男子が弁髪するという。弁髪、元来は満州人などのヘアースタイルである。未婚男子は髷、成人男子は髪結いという。朝鮮と清の総角(未婚男子)の違いが指摘された。

　コメンテーターとして登壇した清永修全(東亜大学准教授)氏は「大正期生活改善運動と新しいヘア・スタイル」について紹介した。1920年代では生活改善運動と関連してモダンガールのファッションが登場する

川野裕一郎

話、フロアーから櫛田宏治氏は、下関が床屋の発祥地であることから古くから大陸との関係があると説明した。

11) スパイスロード

　松原孝俊氏は、東アジアの国際交易ネットワークではすでに鎖国時代にも国境・海峡を越えた人的交流や貿易が行われたと言う。彼は1973年初めて韓国を訪問して以来、グローバル化が進んでいると感じると言う。東アジアの国々に鎖国時代があってもヒト・モノ・カネ

松原孝俊

の交流がなかったわけではない。朝鮮通信使もあり、特にスパイスロードについて語り、唐辛子の移動経緯に沿って話を進めた。物流はより広く行われた。西洋との貿易も行われた。開かれた形で自由貿易の壁を取り払うことが望ましい[12]とされる。アジアにおいて行われた強いグローバル、国境を越えた取り組みが注目される。

12）オリンピック

　姜信杓氏はオリンピックの研究をされた。講義の初めを日本語で語り、その後は魏鐘振氏が通訳を務めた。オリンピックには肯定的・否

12　財団法人霞山会、『東亜』2010年4月号特集「東アジア共同体の多角的検討」12-26

定的両面の機能があると言い、まずレニ・リーフェンシュタール監督の1936年ベルリンオリンピックの映像で、マラソン優勝者の孫基禎氏が当時、朝鮮人でありながら日本人として出場したことが植民地の負の遺産となったという話をした。

姜　信杓

　大東亜共栄圏の悪夢があり、東アジアではワン・アジア共同体は不可能であろう、しかし肯定的な面がより多い、と語る。クーベルタンが主張したオリンピック精神によってスポーツ教育の重要性を強調した。ギリシャ古代オリンピア遺跡では平地にデルファイ神殿、その上に劇場、さらにその上に運動競技場が配置されていることについて、スポーツですべての壁を超えることを意味する、と主張した。

　スポーツとオリンピックは歴史を問題としない。オリンピックはなぜあえて「民族」や「国民」を用いるのか。クーベルタンは、戦争で敗れたフランス青年たちの敗北感を克服させるためにスポーツ教育、ラグビー、古代オリンピア遺跡発掘、デルファイ神殿などの復元をした。オリンピックは都市において開催される。国家が主ではない。古代ギリシャ都市国家時代の伝統ではあるが、ナショナリズムを前提にしてはいない。今、オリンピックのモットーとして使われている標語は"早く、高く、強く（CITIUS, ALTIUS, FORTIUS）"であり、オリンピックの象徴

（五輪）は五大陸の結束と
全世界の選手たちの出会い
を表すという。

13）アジアの人類集団：民族ビビンバ

　東アジアで"ワン・アジア共同体"は可能であろうか。アジアの連帯と国際関係、経済共同体の構築が可能であろうか。無理だろうと思う人も多い。植民地の負の遺産を持っている韓国人の精神的トラウマがある。被害者は決して忘れられない。国粋主義、ナショナリズムが高まって「歴史認識」という言葉が政治的カードにも使われている状況であり、歴史意識が国家間の関係を難しくしている。このようにして近代国家が誕生して以後、国家意識を高めながら不幸な歴史を作ってきた。

　鵜澤和宏氏は、人類学者として化石や遺伝子を研究する先史人類学、動物考古学から日本人はどこから来たかを問うた。人的交流、併合や独立、男女の出会いと出産、国家の発生と遺伝により"歴史認識"は「われわれは同胞である」ということになる。そして多様性のある東アジアの民族構成をなしている。

　私たちが生まれてくるまでに、じつにたくさんの人間が関わっていた。まず両親が二人。父母それぞれに両親がいるので祖父母は4人、曾祖父母が8人と、倍々に増えていく。10世代さかのぼると、私につながる祖先は2の10乗で1024人になる。一世代を30年として33世

ITによるアジア共同体教育の構築 第3回
アジアの人類集団とアジア共同体

講師：鵜澤和宏
東亜大学 教授
専門：先史人類学、動物考古学

代、1000年さかのぼると計算上、私の祖先は10億を超え、当時の地球の全人口を上まわってしまう。もちろん実際には父方の祖父と母方の祖母が兄姉というケースなどもあって、これだけたくさんの祖先がいたわけではない。しかし確かなことは、私の遠い祖先は、誰かの祖先でもあり、世代をさかのぼるほど、私と皆さんが親戚である可能性が高まる。

　ホモ・サピエンスの起源は約20万年前のアフリカにあることがわかっているので、7000世代ほどさかのぼれば、私たち現代人はサバンナに暮らす一つの家族に行き着くことになる。人類の遠い祖先のホモ・サピエンスはアフリカに起源し、ユーラシア東端を経由し、東方へ移動した人類集団、それがアジア人集団。また太平洋に行く手を阻まれ、日本列島に"ふきだまり"のように集まったのが日本人である。

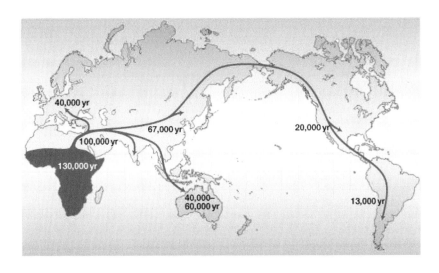

　国家の発生と対立、併合や独立は、たかだか150世代ほどの間に起きたことである。しかし人類が後世に記憶を引き継ぐ仕組みは極端に弱く、世代間の変化が激しいために5世代前の生活は想像することもできず、3世代前の出来事ですらその"歴史認識"をめぐって争いの種になる。

　忘れっぽいホモ・サピエンスがいつ、どのように地球上に広がっていったかについて、人類学者は化石や遺伝子を研究することによって解明してきた。アジアで最も詳しく調べられている集団は日本人であろう。日本人はどこから来たかという問いは、新井白石の時代にはすでに著述され、現在に至るまで日本人の関心事であり続けている。様々な研究を総合すると、アフリカから東方に移動してきた人類集団は、ユーラシア東端で太平洋に行く手を阻まれ、日本列島に"ふきだまり"をつくったことがわかってきた。

　私たちの遺伝子には、はるか西方に起源する祖先集団が、混血と隔

離を繰り返しながら移動し、再び日本列島で出会った痕跡が刻まれている。遺伝子の多様性が高い傾向は、日本列島だけでなく、中国大陸、朝鮮半島など東アジアの多くの集団でも同じように観察される。アジアでは集団間の人的交流が盛んであった。端的に言えば、男女の出会いと出産が繰り返されてきたのであろう。

　遺伝的に純粋な人類集団というものは、言葉の定義の問題であって、生物学的には意味をなさない。「われわれは同胞である」という言葉が、建前上のきれいごとではなく、科学的な事実をそのまま言葉にしただけであるという認識を持つことは、争いを減らすために有効であろう。いずれにしても民族や国家といった枠組みを超えた"人的交流"は、今後ますます進むだろう。その世代が抱くアイデンティティとはいかなるものであろうか。東アジアの民族の多様性はビビンバのようなものであろう。混ぜると美味しくなる（笑）。

佐藤理事長と奨学金受給学生たち

アジア共同体——その原点をどう考えるのか。古ければ古いほどなつかしさが増す。それは歴史学のロマンスと言える。1万3千年ほど遡ると人類の自然さに出会うだろう[13]。

---

13 ジャレド・ダイアモンド著、倉骨彰訳『銃・病原菌・鉄』草思社文庫、2012

第2部

記憶と記録

小山正夫上等兵が撮った日中戦争

撮影・口述：小山正夫／聞き手：崔　吉城・本山大智[14]

小山氏夫婦にインタビュー

/ 私は97歳やけど頭がぼけちょらんごとある
/ 昔のことは みな覚えちょる
/ これが達者じゃけぇ

/ これが戦争の時私自身が写した / だけど　ここ おられた
/ オーストラリア兵から　主なところは持って逃げられた

14　2011年11月2日

/じゃから　こんな写真ばっかし残っちょる
/名前書いちゃる/もろうちょった勲章も
/勲章/勲四等のもみな取られた
/これ　なんにも残っちょらんそ/大事な放送があるちゅうわいな
汽車に乗っちょったら/へたら天皇陛下が
戦争　やめたか/たらな　やめたって
ちゃっと言うちゃったいな/兵隊がどねぇしたと思うか
/バンザーイ/バンザーイ　わしらも　バンザーイ
/将校は知らん顔しちょる

　と元上等兵の小山正夫氏（1915年生）は語った。2010年の5月、東亜大学人間科学部人間社会学科学生の本山大智君が授業中に、下関から20キロほど北の下関市豊北町特牛に在住している小山氏が日中戦争の時自ら撮った写真を多く持っている、と発表した。私は挨拶を兼ねて彼と一緒に2011年11月、小山氏宅を訪れインタビューを行った。その後、参戦者の彼に注目して3年間数回にわたりインタビュー調査を行い、写真とキャプション、日程記などを整理した。元の写真をコンピュータに取り込んでコントラストや明るさなど多少修正再生し、拡大、色の調整などによって135枚の日中戦争参戦時の写真を明確に見ることができた。
　天皇の玉音放送も列車で移動中に聴いた。その時、突然「ただいまから重大放送があります」と言った後、天皇の玉音放送が流れた。放送が終わった後、兵士は解放されたように「万歳！　万歳！」と叫んでいた。中尉などは無言のまま立っていた。その後が「貴官らは本隊に帰る必要なし」と現地解散された。関門海峡の近くに来たが、仲間

第2部　記憶と記録［小山正夫上等兵が撮った日中戦争］　61

の間では「関門海峡には米軍がいるから渡れない」というデマが流れていた。だが、その心配はなく、無事に渡れて故郷に帰ったと語る。

日程ノートと写真

元上等兵小山正夫氏、2014年

1 アルバム

　小山正夫氏は1937年、21歳で召集を受けて日中戦争に3年間参戦し、叔父から送って貰ったカメラで撮った写真のアルバムを見せて下さった。戦時中ではあっても写真を撮ることができたし、現地のカメラ屋で現像して持ち帰ることができた。また息子の証言によれば、自宅で暗室を作り、現像していたという。

　二つのアルバムに貼り付けた写真の中から、戦争に関するものは進駐軍に剥ぎ取られたと言い、剥ぎ取られた跡が残っているアルバムを見せてくれた。そこには代わりに新しい写真が貼られて古いキャプションが残り、遺跡の断層を見るようである。剥ぎ取られた写真は軍事戦略に関するものであり、彼の証言を裏付けてくれる。戦後、進駐軍によって武装解除され、アルバムの多くの写真が剥ぎ取られたという。

　国連軍に剥ぎ取られた写真とはどんなもので、なぜ剥ぎ取って行ったのだろうか？小山氏の2冊のアルバムの内、Bの剥ぎ取られた後に書かれたキャプションから考察する。

門司駅

第 2 部　記憶と記録［小山正夫上等兵が撮った日中戦争］　63

Bアルバム

剥ぎ取られた跡のあるアルバム

彼の話によると、連合軍が入って武装解除された時、日本刀、軍手帳、写真など、連合軍の中のオーストラリア軍から奪われた。その前後にそれに基づいて思い出しながら作成したものである。アルバムには、剥ぎ取られた跡に万年筆で書かれた写真説明が残っている。支那10、架橋作業4、車4、部隊2、風呂3、鉄道3、警備4、友軍2、馬2、兵站、爆撃、攻撃進軍、給水作業、慰安、慰問など軍関係の写真が剥ぎ取られたとのことである（数字は頻度）。

剥ぎ取られたアルバムに残っている説明文は下記のごとくである。

- 立石部隊2分隊ノ3班全員
- 部隊サンは慰安スル内地人、徐州大同街ノ時計台、徐州大同街、キリスト教会内の支那の小児
- 小倉到津ニテ、北支戦線で使用したドラムカン風呂、河南省開封ニテ
- 海州郊外の水郷
- 昭和拾三年二月山東省済南ニテ、大江平太郎氏
- 海州バラ河、海州バラ河ノジャンク、海州外鴻門庄、海州バラ河の風影、昭和十四年十月隴海線、海州郊外大豆畠ニテ
- 山本修作、天津兵站病院第三病棟患者
- 昭和拾四年十月撮影西隴海線にて、江蘇省新浦鎮の町、新浦鎮ニ有る日本領事館通り、大浦ニ於ける我が郵送船、ドラムカン風呂
- 徐福、跡ニテ、新安鎮衛兵
- 中国テイ州の鉄道警備、大浦の……ノ山上ニ居る小山、昭和拾四年十月大浦警備にて撮影、大浦の塩ノ山、那貧民製造、大浦に有った海軍

- 帰徳我が航空隊ノ爆撃を受ケン支那の風呂屋、大坪氏門司出身
- 連雲港の街、大浦、連雲港電報局
- 新安鎮衛前、大原福江忠孝氏
- 昭和拾四年四月、十二日、新郷駅前、連雲港全景、……等の激戦地梅庄鎮
- 馬上に
- 大原新民公園、大原東門
- 十三年十一月帰徳橋梁警備、山西省東塞ニテ、友岸本氏
- 宇賀本　湯玉出身、山西省東塞警備
- 大黄河々畔の立哨
- 昭和十四年十月撮影
- 鉄道隊の進軍、黄河渡河使用セル小船、済南攻撃ニ向ウ友軍、津浦線泊頭鎮
- 戦地正月ノ餅ツキ手前小山、合小岸大　戸山本坪、姑娘
- 昭和十二年十月平原付近、天津万国橋、津浦線の激戦地猗流鎮、鉄道隊架橋作業、破壊サレシ鉄橋修理完成、汽関車ノ給水作業
- 大原駅前ニテ、支那苦力ノ集リ
- 昭和十二年十二月、北支那津浦線禹城架橋作業済南攻撃、架橋作業完成重列車の進行、保線作業
- 不試着セシ友軍様、将校
- 支那農夫ノ運搬車、馬マー　車チョー
- 皇軍突入
- 山西省市欧府、大原城外風景、中正門
- 小児、羊
- 支那美人、支那名物、古塔

- 支那軍の破壊セン大黄河ノ鉄橋
- 降伏セン支那軍、開封市内
- 軍慰問団、支那洗物
- ラクダノ石炭運ビ

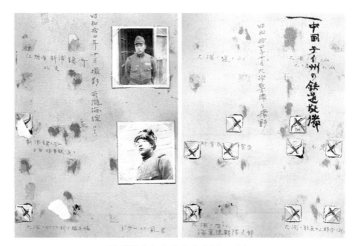

剥ぎ取られた跡のあるアルバム

支那苦力

第 2 部　記憶と記録［小山正夫上等兵が撮った日中戦争］　67

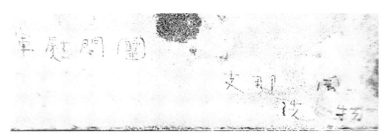

軍慰問団　支那洗物

支那美人

　小山氏は、辛い過去を昇華転換させたように明るく、上海の南部において数多く戦ったことを堂々と証言した。インタビューでは辛さと同時に懐かしさが語られたのが印象的であった。

私のインタビュー経験では、話者にとって自分が体験した戦争は必ずしも悲惨な残酷物語ではない。一方的に悲惨な過去を再生産したような傾向がないわけではないが、証言はただの体験や事実を語るのではなく、過去を解釈しているということを認識しなければならない。ここで大まかに言うならば、体験の直後には事実の確認や証言的な性質があるが、時間がだいぶ過ぎた過去を語る人へのインタビューはノスタルジアを注視すべきであろうと思う。

　この日中戦争戦闘参加期間の主な日程は軍人手帳に書かれたものである。これを整理して本を出したいと言った。その意欲があったから記録されたものと思われ、歴史的な記録として価値があると考えられる。

　従来、多くの戦争や植民地というテーマで証言を聞くと「悲しい、悲惨な」ことが語られ、聞く方も暗い表情で、時には訊問するように証言を聞くというような決まった形式であった。しかし、氏は明るい表情で上海の南部において数多くの戦争に参加したことを堂々と証言した。戦時中でも麻雀、トランプ、花札などをした話、丸3年で帰還兵として郵便局に復帰したが、在郷軍人として再び召集された時のことなども語った。

　100歳まで半年残し、小山氏は2014年4月12日に亡くなられた。インタビューや撮影をした畳の部屋と庭先に準備された葬儀場で、彼が華麗なハイカラさんの人生を送ったこと、錦鯉養殖の趣味とチャレンジ精神に満たされた人だったことなどが語られた。日中戦争や写真については触れられなかった。カメラマンの権藤博司氏も同行して、冥福を祈った。

2 支那美人

　私と彼はいわばラポールが成立、つまり心理学的にいう信頼関係にある状況で写真を見せていただきながらお話を聞くことが出来た。小山氏は南京である女性と親しくなり、その女性の実家から呼んでもらい、一晩過ごしたことがあると語る。

　もう少し長くいたら結婚していたかもしれない。しかし、内地帰還命令が出てからその女性とは別れた。とても優しい人だった。
　その他にも中国人の友人が何人かいた。その人たちはとても日本に来たがっていた。そこでは比較的好感をもたれていたが、徐州や山東省の戦いでは、私たちは、内陸に侵攻するにつれ物資の補給が追いつかなくなり、陸軍から「現地調達」という命令が出ていた。そのため、罪のない農民の家を襲って食料を略奪したこともある。今になって思えばひどいことをしたと思う。

　私崔吉城が復元保管した写真をプロジェクターで小山氏宅の壁に映し出しながら、確認と説明を求める形で自由な談話をした。小山氏の夫人とも和気あいあいで話が展開された。私が現地調査でよく行う調査方法の一つである。彼は壁に映された画像を見ながら、青春時代を、そして戦争を想起した。
　インタビューでは主に私の家内と小山氏の奥さんと女性二人が話し掛ける場面もあった。彼は薄暗くした部屋で、画像を見ながら昔話のように語った。中にはロマンスのような話もあった。私は特に2枚の写真が気になった。一枚は女性の写真である。

第２部　記憶と記録［小山正夫上等兵が撮った日中戦争］　71

　この写真について彼は（「/」は直接話法に記録したもの）

/ 名前はわからん

/ わしの彼女

/ 中国人じゃけど夫婦になっちょる

/ ついて歩きよったよ / 部隊はなんとも言やぁせん

/ ついて歩きよった / いいとこ教えてくれる

/ 青島［チンタオ］までついてきた

/ 中国の人は連れて帰るようにはなってない

/ はあ

/ 連れて帰れんから置いて帰った

/ 中国語を覚えとるけっぇ世話ない

/ そりゃあ　あるいね

/ 中国の慰安婦　日本軍に許可受けちょる

　彼は「彼女であり、夫婦になっていた」と語り、夫人は戸惑った表情
をした。聞き手の二人の女性も困った状況の雰囲気になったりもした。
写真を見ながら特に慰安室は「女と寝るところ」であると言い、そこで
同じ故郷の女性と出会った話は劇的で、その場にいた人は皆驚いた。

3 「慰安室」

　もう一枚の写真は、「慰安室」という表札のような看板が掛かっている建物の前に二人の日本兵が立っているものであった。

南京付近での「慰安室」

第2部　記憶と記録［小山正夫上等兵が撮った日中戦争］　　73

＊インタビューの文章は「間接話法」と「直接話法」（/）、直接話法
　である。

S：これ「慰安室」[15]というのは病院じゃないですか？

／慰安室ちゅうのは　女と一緒に寝るところ

／そりゃ　ありいね

／部隊じゃが　慰安室って書いてある

／堂々と…　だから強姦はしちゃいけん

／そんでな　将校には将校の女の人がいた

／将校のところはな　行っても　金が高くて入れんかった

／将校の人たちはなまた別

／将校と兵隊さんは給料が大違い

／ああ　それがな　上陸してから

／わしゃ一番たまげたのはな

／慰安所に行ったら慰安婦の中に特牛の者がおって

／都合悪いてな

／私しゃ行かれん　知った者同士は出来ん

／中国の慰安所　許可、受けちょる

S：ああ　韓国の人…朝鮮の人はおらんやったですか

／わからかね　そりゃあ　おらんということはあるまあがな

／ああ　命令は　許可を受けるのは軍隊

---

15 「慰安室」の存在は初耳、「慰安室」は軍の外側にあった遊郭のような施設か、
　　内部の軍の下部組織であったか、緊張した。そのインタビュー状況はドキュ
　　メンタリー DVD「小山伍長が撮った日中戦争」を参考にしていただければ
　　幸いである。

/心配したんは　その系統の偉い人

/家を建てた人はおらんぃね

/かりや（仮屋）

/知らん /わしゃあ　下の方じゃけぇ分からん

/中国の人でもな

/日本人好きと思ぅたら　下の人間でも一緒になる

/日本人は少々おったもんじゃないわな

/遠くの方で「小山さーん」って言われた

/ありゃあ /相手はせん知った者同士はできん

S：女の人たちと寝る時はお金を払ったんですか

/そりゃあ払うぃね　ああ

/払わんで　そういうことをしたら日本の軍隊にやられる

/戦地はねえ　日本の金はなかった　軍票

/中国でもなんでも　みな軍票

/日本の金は使われん

/それまじゃあ　分からん

/わしがたまげたのは

/北京から天津に出てから

/天津におる時なぁ女の人が来て抱きついてな

/キスをしよる　キスを

/たんまげたなぁ

/それから汚なぁと言うてな水道水でゆすいだ

/そんなことがあった

/そりゃあ　初めてじゃけたまげて

/わしゃな女郎などそのようなことしちょろんからな

／ありゃあ　やっぱ連れてきた人の責任

／ありゃ一人で来たわけじゃないからな

／軍隊について歩きよった

／いや　外

／そりゃあ　戦争（戦闘）がすんだ後

／敵が来んだけ

／ああ　街　街

／ついて歩くのは自由いね

／そりゃあ　中国人

／地方の人ぃや　地方の人

／よぅけおるわ

／日本人　中国人ようけおった／ああ　はよう言うたら遊郭

／ありゃあ名前が書いてある公のもん

こうした話に夫人は戸惑った表情をした[16]。

16　崔吉城監督、権藤博司編集映像「小山上等兵が撮った日中戦争」

写真の上の左「慰安」と書かれている

4　出征
/軍事教育もなんにも受けちょらんで
/中国ほうたられて　わしらどこ行くそじゃろうか
/いくまでわからんいね
/とにかく戦争行くけぇ言うて
/昔は秘密じゃった
/郵便局に出る途中に召集があった

　彼は輜重兵として立石部隊という鉄道部隊に配属され、主な任務は
鉄道敷設、物資の輸送や列車の護衛をしていた。戦闘部隊に物資を輸
送している最中に攻撃されたこともあるという。復旧作業には現地の
中国人を使ったことがある。被害を受けた路線は多く、修理をしつつ
物資を運んだ。
　彼は陸軍の後方から支援する輜重兵であり、300人の部隊で25人が
内務班生活をした、なまなましい話が新しく語られた。

録音の採録には一部「山口県字幕サークルEライン」の協力を得た。

支那事変出発当日小倉到津にて昭和12年9月20日

日中戦争戦闘参加期間の主な日程

［日付］	［戦闘過程］
昭和12年　8月25日	召集
〃　〃　28日	小倉第14連隊に入隊
〃　9月18日	門司へ
〃　〃　21日	門司港出港
〃　〃　22日	釜山上陸
〃　〃　25日	鴨緑江通過〜満州へ
〃　〃　26日	奉天に到着
〃　〃　28日	天津に到着
〃　10月　1日	天津出発
〃　〃　10日	河北省滄州到着
〃　〃　20日	〃　滄州出発
〃　〃　21日	平原省到着
〃　11月10日	平原出発
〃　〃　11日	中国兵に襲撃される、鉄道部隊3名戦死
〃　〃　13日	山東省禹城に前進する
〃　12月30日	禹城出発
昭和13年　1月14日	山東省済南に前進
〃　2月18日	済南出発
〃　〃　21日	河南省彰徳へ前進
〃　〃　22日	彰徳出発、宜溝鎮到着
〃　〃　23日	宜溝鎮出発、吉林省満県到着
〃　〃　24日	満県出発、河南省汲県到着

〃	〃 25日	汲県出発、河南省新郷到着
〃	3月12日	新郷出発
〃	〃 14日	山西省渝次に前進
〃	〃 21日	山西省同蒲線風綾渡に前進
〃	4月14日	陝西省潼関より砲撃を受ける
〃	〃 24日	四川省霍県より徐州戦に参加
〃	〃 26日	山西省運城、河北省石家荘通過
〃	5月 2日	河北省石家荘出発
〃	〃 5日	山東省克州到着
〃	6月 2日	克州出発
〃	〃 17日	江蘇省徐州入城
〃	7月12日	徐州出発固鎮へ
〃	〃 12日	河北省、河南省淮河前進2分隊
〃	10月27日	安徽省蚌埠到着
昭和14年	3月24日	2分隊、江西省梅庄鎮へ
〃	4月11日12日	大馬庄に於いて中国兵と交戦
〃	10月31日	徐州出発
〃	11月 7日	山西省寧武到着
〃	12月 1日	再び済南へ
〃	12月20日	山西省太源に於いてトロッコで材木運搬
昭和15年	1月26日	復員命令のため太源へ
〃	〃 27日	青島出発
〃	2月 2日	広島江田島到着
〃	〃 5日	小倉にて召集除隊

第2部　記憶と記録［小山正夫上等兵が撮った日中戦争］　　81

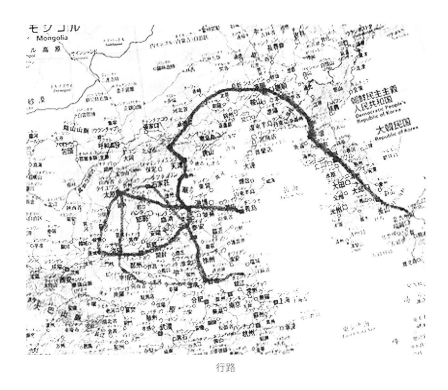

行路

支那事変出征門司宿泊記念昭和13年9月19日
立石部隊第二分隊第二班

　昭和12年（1937）8月25日に召集がかかり、8月28日に小倉で入隊し9月18日に門司港を出港した。
　門司港出向前夜に、私たちは4人ずつの班に分かれて泊まった。
　私たちの班は、偶然にも上官の家に泊まることができた。
　上官には2人の娘がいて長女は当時女学生だった。
　私は、その女学生から好かれ、その夜に彼女は
「死なないでください」
と言って、陰部の毛を切ってお守りとしてくれた。
　そのお守りは、昭和15年、内地に帰還した時に捨てた。

第 2 部　記憶と記録［小山正夫上等兵が撮った日中戦争］　　83

出発の時の記念個人写真

　小倉では 2 週間ほどの訓練を受けた。訓練では 300m 先の標的を銃剣で撃つ銃剣術、射撃訓練や匍匐(ほふく)前進、走りながら目標を三八式の銃で射撃する訓練などをした。
　玉は 3 個で実弾練習であり、照準してもなかなか当たらなかった。当たらないと上司から怒られる。当たったか否かは銃弾の音でわかる。
　射撃は銃の反動が強かった。しかし、その訓練は実戦を想定したものとは思わなかった。参戦するとは思わなかった。

　門司港を出港する。車力を押して船に乗るという何とも情けないものだった。
　他部隊の人は銃剣を担いで勇ましく行っていたが、我々の部隊は車力を押していくという。なんとも惨めな光景だった。
　釜山で 1 泊した。これから戦地にいくという感覚はなく、もの珍しさに見物をしていた。
　翌日汽車に乗り、鴨緑江を通過して満州へ向かった。
　途中北京に寄り市街を歩いた。北京は既に日本に陥落させられていた。
　町はとても奇麗で、今から戦闘をするとはとても思えないほどだった。商店や各民家の屋根の色は赤、黄で、色合いが様々であった。

84

北京　紫禁城

第2部 記憶と記録 [小山正夫上等兵が撮った日中戦争] 85

北京郊外万寿山佛光閣

北京郊外万寿山人工の湖と昆明湖と佛光閣

風景　北京

風景　北京

第2部　記憶と記録［小山正夫上等兵が撮った日中戦争］　　87

風景　北京

風景　北京

北京にて

5　鉄道部隊

　小倉と南京では恋をしたことを語り、辛かったことがそれらに埋没されたような表情で語った。戦闘部隊ではなく、中国の住民たちとも協力関係があり、上官の命令を受けて現地の中国人を雇った。しかし便衣兵（民間服装の中国軍人）に襲われ戦友が死亡、カエルを獲って食べるなど辛かった苦労話も、懐かしい思い出話のように、常に嬉しそうな表情で語った。戦時中でも麻雀、トランプ、花札などをした話、中国の民間人との交渉、兵卒から伍長へ昇進、12円ほど給料をもらった。

　　/こりゃあ歩兵隊が修理をしてな
　　/わしらがその後を掘ったそ
　　/船を浮かべて走るそ
　　/鉄道隊やけ

内務班

炊事班

第2部 記憶と記録 [小山正夫上等兵が撮った日中戦争]　91

中国人の子供と

河でカエルなどを捕って食用にした

/猫とカエル
/ご飯炊き　釜で
/私は　なに　釜四つほど請け負うて
/犬　いなごは食ういね
/猫も食うた

鉄道部隊は千葉に本部があり、中国戦線では二個連隊[17]で編成されていた。また、鉄道技術の機関兵として召集されていた。

主な任務は鉄道の警備であった。物資の輸送や列車の護衛をしていた。機関兵とは主に海軍であり、軍艦の技術などを担当する兵であるが、陸軍でもあった。

二等兵は入隊したばかりの新兵である。茶色に近い軍服に飯盒、毛布、乾パンが入った背嚢を背中に担ぎ掛け、銃剣の腰には剣（正確には「牛蒡剣」）を付けていた。

一等兵、上等兵へ進級するが、伍長兼務上等兵になる。

兵隊の配属も杭州で行われた。そして占領地域に分かれていった。

線路の敷設や鉄道による物資の輸送や列車の護衛が主務である。被害を受けた線路は多く、修理をしつつ物資を運んだ。

武器、弾薬、医薬品、食料などを杭州湾から搬入し、そこから各部隊へ物資が渡っていった。

食品は主に現地調達であったが、日本から乾燥した野菜、缶詰、煙草、酒なども配給された。

私は杭州に来て、内地から来る物資の豊かさに驚いた。上官からビールを薦められたこともある。

場所は覚えていないが、ある戦闘の後

立石部隊長

17　一個連隊で1800人

に物資を輸送している最中、敵がわが軍の線路の一部を埋めていた。勿論直ぐに復旧作業に取り掛かった。

隊長行軍　新郷にて

済南集結隴海線分岐点　右―青島へ、左―西安へ　立っているのは故平安君

大原にて

第2部 記憶と記録［小山正夫上等兵が撮った日中戦争］　95

伍長勤務時代　当時25歳　大原にて

大原　左側に「日本軍宣撫班」の看板が見える

大原運城

第 2 部　記憶と記録［小山正夫上等兵が撮った日中戦争］　97

はるかに万里の長城をのぞむ寧武にて　昭和 14 年 11 月

/わしは右/これは橋をかけるそいな
/このへんになマツがあったそ
/全部伐って
/何を作るかっちゅうと橋の脚

大地は深く凍りつき、コンクリートをたたくよう

/アカマツが全部なくなった
/アカマツでなけらんにゃいけん
/アカマツは丈夫なけぇな

第2部　記憶と記録［小山正夫上等兵が撮った日中戦争］　99

黄河に鉄船を並べた軍橋

鉄船架橋（黄河）

渡河架橋蚌埠(ポンプー)にて

第2部　記憶と記録［小山正夫上等兵が撮った日中戦争］　　101

爆破された黄河鉄橋　昭和12年12月23日

津浦線滄州驛

石太線石衆荘駅

敵軍自ら爆破した津浦線黄河鉄橋　右前方に目えるのは鵲山（カササギ山）　昭和12年12月

6 汽関車

/敵前逃亡をやっちょるじゃろ
/捕まえられた
/伍長になるようになっちょった
/あたりまえやな死刑って言われた
/部隊長の髭剃ってやりよったら気にいられた
/助かった
/やられた
/線路をやられた通行できんようになっちょった

/わしが うんこがしとぅなって
/ちょっと逃げて行っとった
/その間に出てしもうた汽車　わしゃ置き去り
/汽車が行った後を歩んでから
/途中 敵がおったら完全にやられちょるじゃろうけど
/部隊の人が　おまえは何かどこ行っちょったそかって

第2部 記憶と記録［小山正夫上等兵が撮った日中戦争］ 105

汽関車黄河を渡る

風陵渡引揚げ徐州会戦へ転進

風陵渡へ進撃途中汽関車へ給水

第2部　記憶と記録［小山正夫上等兵が撮った日中戦争］　　107

天津万国橋

線路と汽関車

鉄道部隊の汽関車へ給水作業

汽関車へ給水

汽関車を進めて行く。
前線を拡大し、目的地の徳州まで運んだ。
そこで同じところから出征した人と出会った。
今でも忘れられない。
また徳州から、濟南に向かい、

そこから逆行して北京へと向かった。

戦闘は万里長城付近で行われた。

山岳戦で多くの日本兵が亡くなった。

山東省禹城では、城壁越しの戦闘となり、

そこでも多くの日本兵が亡くなった。

今でも、忘れない。

そこでは城壁から中国兵が自動小銃を使っていた。

「ブスッ」という音が聞こえ、

何があったのかと思ったら、

隣にいた日本兵が胸から血を流して倒れていた。

小隊長から

「小山、頭を出すなよ」

と言われた。

中国兵に向けて常に発砲していなければならなかった。

幾度となく攻撃を加えるが、前進できない。

日本軍の精鋭部隊が人柱を組んで、城壁を越えて行った。

後に気がついたことだが、彼らは「おとり役」だった。

背後から友軍（日本軍）が、少数部隊で城の裏口から侵入し、

しばらくしたら戦闘が終了した。

この運城戦闘で撃たれて亡くなった。

多くの日本兵が弾に撃たれ、腸が全部露出していた。

自動小銃の弾が回転して出てくるため、腸ごと抉りだしたのだと思う。

とにかく鈍い「ブスッ」という音が嫌だった。

第2部　記憶と記録［小山正夫上等兵が撮った日中戦争］　　111

風陵渡・黄河を越して対岸の潼関をのぞむ

7 反日

「建設」「大東亜新秩序」

第2部　記憶と記録［小山正夫上等兵が撮った日中戦争］　113

正石太線沿衆の抗日文字
右から読み「救恤受傷官兵」、右壁「倒日本帝国主義者」

/みんなで引っ張らんにゃなはぁ 動きゃせんわぁや
/これは日本軍の爆撃の跡じゃ
/後に行ってみたそ
/これはね
/共産軍が書いたそじゃろうと思うけどね
/戸口の方にはな
/打倒

侯馬鎮駅　昭和の軍神橋中佐を出したところ

津島大隊長（淮河にて）

8　戦場

徐州市

キリスト教会　徐州市

第2部　記憶と記録［小山正夫上等兵が撮った日中戦争］　　117

激戦地河北省徐州市

第2部　記憶と記録［小山正夫上等兵が撮った日中戦争］　　119

徐州駅　徐州陥落二日後

徐州大通り

第2部　記憶と記録［小山正夫上等兵が撮った日中戦争］　　121

徐州にて

いずこの国でもかわいい小輩　徐州にて

津浦線固鎮にて故常山君の慰霊祭

徐州にて戦死者の遺骨を故国へ送る慰霊祭　昭和13年7月

徐州戦が開始され、徐州に向かった。

かなりの日本兵が死んでいた。戦友の死体は衛生兵が処理した。とにかく、道端には日本兵の遺体が多くあった。

上海から上陸した部隊が一緒に戦闘に参加した。

日に日に、多くの傷病兵がおり一番悲惨だった。

兵士の中には東北出身の兵士が多い。東北の部隊が多かった。前線を拡大していく。

徐州戦では、難攻不落と言われた「台児荘」という小高い丘があり、そこには巨大な大砲があった。とにかく巨大な大砲だった。

私たちはそれを「ドラム缶」と呼んだ。その大砲から砲弾が発射されるたびに、私たちは

「ドラム缶が降る」

と言っていた。

攻撃を仕掛けても落ちないから、陸軍は大砲が本土から届いてからただちに総攻撃に取り掛かり陥落させた。

陥落の瞬間まで私は近くから見ていたが、陸軍がその大砲で幾度となく徐州市街を攻撃していた。

豪商の家などがあったが、軍の砲撃で全壊している所も多かった。

我が部隊の兵士が

「徐州徐州と人馬は進む」

という詩を作った。確か有名な人だったと思うが、内地についてから直ぐに亡くなった。病名は分からない。

偶然の出来事だったが、徐州の運河の辺りで（下関）神田村出身者と出会った。彼に「よーい、小山」と呼ばれた時は嬉しかった。

咄嗟に、友軍（日本軍）の戦闘機だと思い安心をしていると、突然

上空から「シュシュシュシュシュー」と言って物が落ちてきた。最初は何かと思ったが、地上に落ちた瞬間に「ドーン」という音と共、50ｍ間隔で戦闘機が爆弾を落としていった。

部隊は大混乱となり、慌てて物陰に隠れて戦闘機が消えるのを待っていた。幸い、部隊に被害はなかったが、その後に、続けざまに戦闘機が追うようにやって来た。

小隊長が

「敵襲だ！　撃て」

といい、歩哨兵が軽機関銃を持って上空めがけて発砲していた。しかし、その戦闘機は翼を左右に揺さぶっていた。小隊長が

「友軍だ！　撃つな」

と言って、戦闘はそこで終わった。

中国軍機も日本海軍、陸軍機も同じ丸印だったが、中国軍の場合は日本軍の赤丸ではなく黄色の丸印だった。その上、地上は砂埃が舞い立ち、色の判別はとても難しい。

その後南京戦に参加し、南京陥落の後はやっと内地（日本本土）に帰れると仲間と話していた。

部隊長から

「お前たち、内地に帰りたいと言っておったが、何を言っしるか」

と一喝された。

一つ不便な思いをしたのが、水の確保だった。中国では運河や河川が多くあるが、戦争中は軍部の中ではどこの川でも

「毒を流している」

という噂が流れており、私たちも水の確保のため移動先で井戸を掘った。

第 2 部　記憶と記録［小山正夫上等兵が撮った日中戦争］　125

済南側土堤の敵陣地

結氷した黄河　昭和13年1月

　中国軍は連続発射ができる銃を持っていた。昭和13年3月14日に山西省渝次において危機一髪ということがあった。谷に汽関車が落ちたのだ。本来は事前に現地を偵察しておくことが必要なのだが、上官の命令で偵察をせずに汽関車を走らせたことが事故につながった。
　汽関車の運転手は気付かず、急ブレーキをかけたが、間に合わず前方3両が谷底に落ちた。谷に落ちた原因は、中国兵が日本軍は汽関車で物資の輸送に来ることが分かっていたらしく、鉄橋を事前に爆破したようだった。
　その時自分（小山氏）は寝ており、「小山上等兵！　起きろ！」と言われた時は事故の起きた後で、兵士たちは「敵が来る」と言って逃げ出していた。事実、その後敵（中国兵）が襲って来て日本軍の物資を持って行ったようだった。
　汽関車を置いて逃げた私たちは、風綾渡といわれるモンゴルに近い所まで逃げた。また、そこにも潼関から砲弾が飛んで来ていた。その時は、通常日本軍が使う砲弾ではなく、兵士の頭の上で炸裂する砲弾を使っていた。何人か同じ連隊の兵士が亡くなった。
　「これ以上は飛んでこないだろう」と思っていたら、遥か後方にあっ

た陸軍の司令部に一発が着弾し、指令室が破壊されたことがあった。しかし犠牲者はなかった。

　中国兵は日本軍とは違い、本来軍人と言われる人よりも一般市民と同じ私服や民俗服を着ている軍人の「便衣隊」と言われる人が多くいた。昼間は農民の姿をして農作業をしているが、夜になると発砲の合図とともに陸軍が駐屯している陣地に向けて夜襲を仕掛けてくる。

泰安駅（津浦線）　孔子廟あり

9 戦闘

　江西省に移動し梅庄鎮での戦闘では死を覚悟した。今度は中国共産党の軍隊と戦闘をする。
　中国兵との間は50mだったと思う。1日7時間も戦闘をしていた。
　戦局は悪化した。このままでは全滅しかねない。生きて帰ることができないだろう。
　実家の両親はどうしているか。畑、田は無事だろうか、などと考えた。
　特に、共産党軍は強かったことを覚えている。事前の連絡でも聞いていたので、戦闘が開始された時、死を覚悟した。
　日々、戦局は悪化し、自分のいた部隊はこのままでは全滅しかねな

砲撃で無惨な寧武市街

山西省侯馬鎮にて

第2部　記憶と記録［小山正夫上等兵が撮った日中戦争］　129

寧武にて

再び山西省へ転進　寧武城門

い。3里はど離れた所から仲間から無線で応援を頼まれた。
　急遽参戦した部隊は、石川県の部隊だった。その時も、中国兵はチーク銃という自動小銃をもっていた。日本軍は単発式の銃を使っていた。

　　/共産軍　一番強い
　　/共産軍じゃ共産軍と闘うたほいや
　　/やねこいちゅうたらねえよ　わしら負けちょったよ

第2部　記憶と記録［小山正夫上等兵が撮った日中戦争］　　131

昭和14年4月、江西省梅庄鎮激戦地　九死に一生を得た処

/銃弾でほいだそ敵はこの壁にくっついちょる
/くっついて背中合わせで戦闘しちょる
/銃剣で穴ほいだそ
/壁ひとつで　手榴弾の投げ合い
/25名 こん中に隠れちょる

/軍隊ごとに隠れちょる　一箇軍隊25名じゃけぇ　100個軍隊わしら
/へて　あとの鉄の方には700人か
/とにかく一個旅団ちゅうたけどな
/旅団っちゅうたら　その時何のことかわからんかった
/旅団長を撃ち殺したら逃げぇと共産軍が
/ちょうど当たってから

避難民

/運がええことに
/偉い者を狙ぉた
/中国の手榴弾っちゅうものはええなあ
/日本の手榴弾はなぁ　コップぐらいのを
/柄も何もないそをぼーんと投げる
/中国のは柄がついちょる
/これぐらいの
/持って投げる
/それでわしらは助かったぃや
/中国のは柄が長いからなぁ導火線がシュシュシュと
/日本のは丸玉を頭こっちとやってすぐ投げんにゃいけん
/それでわしら　あれで助かった
/手榴弾拾ぅてから投げ返された
/滑稽なこといな
/あれでもな　わしゃ拾い損のうてな
/伏せたそいやこの前でばあんとやったけどな
/くるっと来てて　見たらこりゃ　寄り付かれんことあるから
/伏せたんや
/そしたらばーんと
/ばーんと
/あれにやられたらイチコロいな
/はあ　投げ合いぃね
/そのまんま/戦闘の跡じゃ
/ここの戦闘は　私ゃまさか来やすまいと思ぅてな
/安心しちょった

/はあ　九死に一生ぃね
/7時間　戦闘
/へで　向こうは　共産党はねばり強い　ありゃぁ
/今夜来るぞって /のろし
/日本はのろしは使やせんけぇな
/こりゃいけんこりゃまた来るだい
/わしら　まぁ占領した家ん中
/おるそは　お前たちゃあっちに逃げちゅうて追い出して

第2部　記憶と記録［小山正夫上等兵が撮った日中戦争］　135

寧武にて荷車で物資輸送

浦頭鎮

第2部　記憶と記録［小山正夫上等兵が撮った日中戦争］　137

穴の中から攻撃

　陝西省鄭州の開封という所で起きたことだ。
　日本軍は中国兵の夜襲に備えて陣地の周囲に堀塹壕を掘っておいた。夜襲がある時は、昼間の中国人の動きが違い、「この日は襲ってくるかもしれんぞ」という感じがしたが、この時は分からず、安堵していた。
　私はまさか夜襲が来るとは思わず、風呂に入っていた。夜襲があると思った人は一人もいなかったので安心していた。
　突然、「ドーン」という音とともに大勢の人間の叫び声がしてきた。外にいた兵士が

「夜襲！」

と叫び、慌てて戦闘になった。

風呂に入っていたのは私一人であった。

仲間から

「小山！　早く風呂からあがれ」

と言われ、体を拭く間もなく、向かってくる中国兵を撃った。

中国兵は日本軍の宿舎の屋根に火を放っており、逃げまどう兵士もいた。

襲ってきた中国兵は毛沢東の共産党軍だった。戦闘の間に見た時はざっと1000人近くはいたと思う。圧倒的な数の違い。

日本兵は全員を合わせて500人にも満たなかった。急遽、100人近くそこに残し、自分を含め仲間たちと遠くに避難した。今になって考えてみれば非情なことだった。

中国兵は日本軍の手榴弾より大きなものを持っていた。中国兵との間は50m程度だった。私が銃を発砲していると隣で何か物が落ちた音がした。

瞬間、手榴弾だと分かった。咄嗟のことで慌ててしまい、何をしたらよいのか分からなかった。

ある兵士が「危ない！」と叫び、咄嗟に中国兵に向けて投げ返した。「ドーン」という音が聞こえた。

隙間から外を見ると、中国兵が6人死んでいた。偶然にも手榴弾が不発だったため助かった。

亡くなった中国兵を見ると、日本兵よりも太っていた。

武器の面では中国軍には敵わず、時々戦利品で手に入る中国兵が使っていた武器を多く使った。

10 風景・人物

徐州市街

津浦線の激戦地獨流鎮

風陵渡、西軍の砲撃で索漠たる風景

第2部　記憶と記録［小山正夫上等兵が撮った日中戦争］　　141

羊群

徐州黄鶴楼(虞美人のロマンスで知られる)

第2部　記憶と記録［小山正夫上等兵が撮った日中戦争］　143

山西省開封のラマ塔

開封新民公園

洗濯をしている女人

/洗濯
/みんなこっち向いちょろうがな
/あの向こうの方にゃ万里の長城があった
/寺

京漢線彰徳

南京光華門、服務部隊突入路、立てるは木村曹長[18]

　その人たちは、とても日本に来たがっていた。
　徐州や山東省では、内陸に進行するにつれ物資の補給が追いつかない。陸軍から「現地調達」という命令が出ていた。
　罪のない農民の家を襲って食料を略奪したことがあった。

---

18 『中支之展望』昭和 13 年 8 月発刊、光華門昭和 13（1938）年 1 月日本軍（写真）記録

11 「娘子軍」

中国では、女性から子供までもが武装をしていたので、日本兵はこの作戦に苦しめられた。

特に、歩哨兵は苦しめられた。私も見たが、中国の農民は、昼間は農作業に従事しているため、一部の歩哨兵は安心している者もいた。歩哨兵のなかでも「ボーッ」としている者もおり、射殺される人が相次いだ。

知っている歩哨兵が中国の農民に殺され数人亡くなった。

昼間は農民の姿をして農作業をしているが、夜になると発砲の合図とともに、陸軍が駐屯している陣地に向けて夜襲を仕掛けてくる。

中国には女性を中心とする「娘子軍」といわれる集団がおり、夜襲の時にその「娘子軍」も参加していた。

作戦では失敗したこともあり、友軍（日本陸軍）同士で撃ち合ったこともある。

大隊長が犯した失敗だが、多勢の人間が向かってきたので、「敵襲だ！　撃て」と我々に命令を下した。

私は、直ぐに相手めがけて発砲したが、向こう側から白旗を上げて「撃つな！　撃つな！」

という叫び声が聞こえてきた。

隊長が慌てて攻撃を中止しその場は何とか収まった。

娘子閣

第2部　記憶と記録［小山正夫上等兵が撮った日中戦争］　　151

12 負傷・帰還

　昭和15年1月16日、太源で復員命令が下り内地帰還を命じられた。同時に「伍長兼務上等兵」を命じられた。

　隊長の前で上等兵に正式に命じられたことを申告しなければならない。自分は吃るため最初は拒否していた。だが、

　「吃っても吃らんでもやれ！」

　と言われてやった。

　「我々、××部隊の小山は本日伍長兼務上等兵を命じられました。終わり！」

　と言った。

　その後、調子にのって仲間と街に一杯飲みに出かけた。

支邦（今の中国）事変出征帰時
日本の帰還を命ぜられた
左 小山正夫 右側 奥浦所の湯玉
の中村修作（中国山西省
太原にて写したもの）
（昭和16年1月）

　ほろ酔い気分になって司令部行きのバスに乗り司令部に到着したところ、軍人の功績を担当している准尉から

　「小山、お前は敵前逃亡した罪で銃殺されるぞ！　覚悟しとけ！」

　と言われた。

　自分は助からないと思っていたが、偶然にも津島大隊長が「同じ部隊の者だから、許してくれ」と頼み、何とか銃殺されずに済んだ。

　その後は伍長にもなれなかった。南方戦線や沖縄戦線に転属されず内地で終戦を迎える事が出来た。

復員命令来る　寧武より太原集結（三分隊）

　昭和15年1月27日に青島から出港し、2月2日に本土に着いた。
　広島の江田島に上陸し、そこで衣服を全て脱がされ、風呂[19]に入れられた。衣服を与えられた。
　神田村特牛に帰り、農業をしていた。
　社会党の白井正一という人物の演説を聴き、日本はアメリカと戦争をしているが、必ず敗北すると言った。
　私は周囲にも言っていた。誰かが憲兵に告げた。
　下関に出た時は常に憲兵が私の背後を尾行していた。とても恐ろしかった。
　南方戦線や沖縄戦線に転属されず内地で終戦を迎えた。

19　ドラム缶で作った風呂、朝鮮戦争中米軍も使用した。

昭和20年には再度召集がかかった。福岡県宗像へと召集された。

再び故郷の土は踏めないと思い、髪の毛を切り「南無阿弥陀仏」と書き仏壇に供えて家を出た。

家から離れる時、まだ建てて新しい家を何度も振り返った。

衛兵、歩兵など関係なく寄せ集めの部隊だった。

戦車の下に爆弾を抱えて潜り込み、戦車を爆破させる訓練を繰り返していた。

毛布を4枚持って戦車の役目をし、その下に爆弾を抱えて潜り、爆破することが最終目標とされていた。これは全て、本土決戦を想定しての訓練だった。

沖縄陥落の知らせが入り、米軍も本土に迫ってくるという情報が流れていた。身の危険を感じた。

「このままでは、自分は助からない」と思い、衛兵に「わしは、目が見えんようになった。これでは、本土決戦で戦うことができない」と伝えると許可が下り、小倉の病院に入院した。

8月9日、「敵襲！」という院内放送があり、急遽病院の外に避難した。

上空をB29が1機旋回しているのが見えた。近くに大刀洗の陸軍の飛行場があったが、1機も追撃には出ず高射砲で射撃するだけだった。

後に聞いたことだが、その1機が長崎に原子爆弾を投下したものだったようだ。

本土決戦が起きていれば、私は確実に生きていなかったと思う。

銃を作る物資もなく、防衛隊長として任務を任されていた。「竹槍」が配られていた。先を尖らせ軽く焼き、簡単には折れないようにしたお粗末なものだった。

13　終戦

終戦直前は銃を作る物資もなく、防衛隊長として任務を任されていた。
私にも「竹槍」が配られていた。

／私はあんた

／戦争は大義じゃけ

／戦争から帰ったら

／憲兵がわしの後をついてきよった

／大東亜戦争が始まろうかっちゅう時な

／わしのところに戦争反対の者がじょうにおったそいや

／若い衆や年寄りが

／講習がありよった、図描いてな

／中国やら朝鮮やらは近かろう

／どんなことがあってもなんでもすぐに役に立つ

／太平洋側は　こっから出ちゃあいけんって言いよった

／そりゃ絶対負けると案の定　初めから負けようやがな

　私は戦争反対の立場の人間だった。竹槍での戦いなどに勝算はない
と思っていた。

　私の父親は戦争賛成者で、

「正夫が国に奉公（戦死）してくれたら200円は入るから、立派に奉
公してほしい」

　と母に話していたようだ。しかし、母は

「絶対に死んだらいけん」

　と言い、毎日墓にお参りしていたそうだ。

　その頃弟の隆は亡くなっており、家には妹がいた。

　終戦の玉音放送を聞いた時は全員で「万歳」を三唱した。私は悲し
い思いよりもむしろやっと解放されたという思いが強かった。

　病院から小倉の本隊に帰還するよう命令が下りていた。

終戦の放送を聞いたのは列車の中で突然

「唯今から、重大放送があります。」

と言われた。

天皇陛下の玉音放送が流れた。

放送が終わった後、兵士は解放されたように

「万歳！　万歳！」

と叫んでいた。

中尉などは無言のまま立っていた。

その後が大変で、

「貴官らは本隊に帰る必要はなし」

と言う。現地解散となった。

やっとの思いで、関門海峡の近くに来た。

仲間の間で「関門海峡には米軍がいるから渡れない」というデマが流れていたが、無事に渡れて故郷に帰ることができた。

今になると信じられないことだが、二度と戦争を起こすようなことをしてはいけない。多くの仲間や幼馴染みを亡くし、辛さが残るだけだから。

昭和13年、私は中国兵が発した弾が足に当たって怪我をした。天津の陸軍病院に入院した。

当時、野戦病院もなく、1週間ほど放置していた。細菌が侵入し傷口が化膿して、痛さと症状が悪化したので手術をすることになった。

野戦病院で手術をする時は、基本的に麻酔は使わなかった。その痛みは忘れられない。今でも鮮明に覚えている。

その時、ベッドの隣に戦闘で負傷した兵士がいた。その人は腕を戦

第2部　記憶と記録［小山正夫上等兵が撮った日中戦争］　159

支那事変当時天津兵站病院にて　昭和13年頃（23歳）立石部隊

天津兵站病院

天津大和公園　故小松曹長　昭和13年5月

闘で怪我したらしく、治療もしていなかったので手の部分が完全に腐っていた。

　早く手術をしないと毒が全身にいきわたるため、軍医は切断手術を行っていた。その切断手術に使ったものが、鉄パイプを切る鋸だった。

　医者がその鋸を使って兵士の手を切る時に「ゴシゴシ」と音をたてて切断していた。

　私は、兵士の腕を切断する瞬間、一時的に卒倒しかかった。手術をされる兵士は「ギャー、ギャー」と叫んでいた。

　私の足の手術の時もそれは地獄の苦しみだった。

　その軍医は私の足の傷口に定規を入れ「長さ」と「深さ」を測っていた。患者のことを全く考えない医者だった。

　麻酔がないため足を板に縛り付けて、軍医がメスを入れた。その時

の痛さは、痛いというよりも「熱い」感覚だった。

あまりの痛さに呻き声をあげていたら、軍医から

「何を言っとるか！　この日本軍人が！」

と一喝された。

手術をする者は自分が手術されたことがないから、分からなくて当然だが……。

／これやる時は子どもが出てきとる

／済南　青島おりるとこ

／カメラにポーズするさぁ自由いね

／ふっふっふ

／えへへへ

／そりゃあ　しょったやろう

／そりゃあ

／たいていの兵隊は逃げるがな

／便衣隊かな　いたる所に

／そう　それがいけんそいな

／夜　わしらが寝ちょってもぱんぱんとやる

／はあ　長ぅおらん

／投げくって逃げる

／便衣隊はいたる所に

／昼は農業　それから

／夕方になって　日が暮れるとのろしが上がる

／しゅー　しゅーと

/昼　私が一番後から　お風呂にはいっとった
/皆を先に入れて
/へたらにわかにパンパンとパンパン
/何かって言うたら
/これは敵襲やで言うて
/これは九死に一生を得た
/銃弾/こりゃ　なんかいなあ

第2部 記憶と記録［小山正夫上等兵が撮った日中戦争］ 163

支那事変出征当時　日本への帰還を命ぜられた。左小山正夫　右側豊浦町の湯玉の山村修作
　（中国山西省大原にて写したもの）昭和15年1月25歳

満洲映画協会

口述：緒方用光[20]／聞き手：林　楽青

緒方用光氏

　満洲という言葉は地名ではなく、民族名・国名として使用された。現在「満洲」を「満州」に簡略化した表記が多いが、正確なのは「満洲」である[21]。1932年3月1日、中国東北地方で日本人を始め漢族、満族、蒙古族、朝鮮族と合わせ、「五族協和」の建国理念を唱え「満

20　緒方用光氏(1924生)は1942年満洲映画協会へ入り、シベリアで3年間抑留後、日本の映画会社に勤務。後に映画配給会社の九州シネマ・エンタープライズの社長として現在に至る。参照：中村脩「映画に生きる－緒方用光さんの〈満映体験〉と戦後－」『架橋』7号、2006：1-49
21　小林英夫『〈満洲〉の歴史』講談社、2008

洲国」[22] を作りあげた。『満洲年鑑』（1940）によると、1937年12月までの時点で「満洲」の総人口は約3667万人であった。そのうち、漢民族は2973万人であり、全体の81％を占めている。中国東北地方は清朝の発祥地であったものの、清朝は都を瀋陽から北京に移転してから、現地の満族の大半が都とともに北京に移っていった。よってその人口はますます減る一方である。満洲の空洞化現象を防ぐため、清朝は17世紀の半ばごろから一連の移民政策を打ち出した。その後も自主的な移民が満洲に大量に入り込んできたので、清朝が移民政策を廃止し、その代わりに移民禁止令を公布したが、移民の人波を止められず、1900年には漢民族の人口が既に1700万人近くに達した[23]。移民の主力をなしたのは山東省と河北省の農民であった。

　文盲率の高い中国東北では、満洲の建国理念を宣伝するには、新聞、雑誌やビラなどを使っていたが、文字より音声や映像のほうが効果的である。したがって、1933年に設立された「満洲電信電話株式会社」は1934年の初頭に新京（現、長春）でラジオ放送が始まったが、1937年の時点ではラジオの聴取者はわずか4万人余りであり、しかもその9割が日本人であった[24]。

　一方、満洲国が成立する前の段階から、満洲で上映している映画はアメリカ映画をはじめ、ヨーロッパ映画や上海映画[25] などの映画が主流であった。特に、上海映画には抗日映画も大量に含まれており、満洲の建国理念を阻害するものと看做されていた。それにこの理念を国

22　日本の傀儡政権である「満洲国」は中国では「偽満洲国」と表記し、日本では括弧をつけて「満洲国」と称する。本文では便宜をはかるため、「満洲」と略称する。但し、当時の資料を引用する場合はそのまま使う。

23　矢野仁一『満洲近代史』弘文堂、1941

24　喜志俊彦ら『戦争・ラジオ・記録』勉誠出版、2015：242。

25　当時、上海は中国の「ハリウッド」と言われており、中国映画の中心地であった。

際社会に訴え、同時に満洲人民[26]にもそれを理解させるために、映画が必要だと関東軍が考えていた。

「満洲」における映画の製作活動は、最初1923年に設立された満鉄弘報係映画班によって行われていた。満鉄映画班は「満蒙破邪行」（1931）、「満洲少女使節」（1932）、「守備熱河」（1933）や「密境熱河」（1936年）など、主にドキュメンタリー映画を作った。だが、これらはあくまでも「満鉄」（南満洲鉄道株式会社の略称）が製作した映画である。「満洲国文化を向上させるには映画から」という発想で満洲映画国策研究会が1933年に立ち上がった[27]。その後4年間余りの準備で、1937年8月に株式会社満洲映画協会（以下満映と略す）が設立された。満映は満洲と満鉄が半分ずつ出資して作った国策映画会社であり、満映の初代理事長は清朝皇族である粛親王善耆の第七子の金璧東であったが、二代目は甘粕正彦であった。

満映で製作された映画は当時、「娯民映画」、「啓民映画」と「時事映画」の3種類に分けられていた。「娯民映画」は劇映画、「時事映画」はニュース映画のことであり、「啓民映画」は文化映画とも言い、教育映画と記録映画も含まれている。満映は成立した時から1945年に解体するまでの8年の間に、娯民映画を119本、啓民映画を200本以上製作した。

満映設立最初の段階に、大連にある満鉄の設備を利用し、「北支事変」

---

26 遠藤（2013）「満洲国の「国民」とは誰だったのか」によれば、「満洲国」には「五族協和」の「一族」である日本人が日本国籍を持っているので、「満洲国民」と看做すべきかという難問があった。それを回避するため、「満洲国」の成文法においては「国民」を表す場合に専ら「人民」という文言が用いられた。

27 胡昶・古泉著、横地剛・間ふさ子訳『満映——国策映画の諸相』パンドラ、1999：17

を製作したのは最初の時事映画である。1938年まで13本を製作し、すべて「満洲ニュース」と称された。1939年以降「満映通訊」（日本語版）と「満映時報」（中国版）が同時に製作発行され、40年頃から「満洲児童」の製作発行も開始されていた。満映は自主的に映画を製作したほかに、当時の日本映画会社の東宝、松竹と提携し、合作映画も製作した。満映は映画の製作だけでなく、配給映写業務も兼ねており、各地で映画館の設立、巡回映写なども行った。配給エリアは満洲だけでなく、中国の日本占領地や東南アジアにおける日本の占領地域などにも及んだ[28]。

　成立当時の満映の構成は職員、新聞関係者、日本映画会社からの映画人や映画好きの人たちであった。満映は成立直後、長春とハルビンにて面接試験で43人の俳優を選抜し、俳優訓練所の第一期生として教育を行いながら映画製作にも取り組んだ。翌年の3月と5月に第二期生と三期生を続々と募集し、1940年の第四期生を入れて満映の俳優は170名になった。

　1940年に訓練所を養成所に変更し、第一期生から第五期生まで5回にわたって生徒を200人以上募集し、教育を実施した。さらに、1941年に14〜16歳の青年を対象として青年学校を設けて、第一期生54人、第二期生19人、第三期生23人が集まり、総計96名の青年を募った。こうして、満映の職員は設立当時の100人から終戦直前は2000人近くまで急増した。このように、満映は映画製作だけではなく、映画人材まで養成していた。1945年満洲崩壊まで訓練所、養成所や青年学校で教育を受けた人は500人近くであり、そのうち日本人は16名も

28　胡昶・古泉『満映――国策電影面々観』中華書局、1990：71

いた[29]。この16人の中に緒方用光という名前があった。2016年夏、偶然の機会に緒方氏と出会った。2回にわたって満洲時代の体験を聞かせてもらった。まず、緒方用光氏を簡単に紹介しておこう。

林　：緒方さんは何年生まれですか。

緒方：大正13年（1924）2月11日生まれで、今年（2016）92歳です。

林　：どういうきっかけで満洲に行かれましたか。

緒方：父親が久留米、母親が福岡の生まれで、父親の職場が税務署で初めて勤めたのが神奈川県の藤沢だそうです。わたしは小学校には東京府葛飾群小岩村で入学しましたが、父親の転勤で茨城県下館に転校した。このころ昭和6年（1931）に「柳条湖事変」[30]が起こり、その後「満洲事変」までに拡大していったんですね。満洲国という日本の傀儡国家ができたとき、満洲国の行政府を創るために日本の各省庁の官吏が「満洲」に行ったわけです[31]。

林　：お父様と一緒に渡満されましたか。

緒方：いいえ、私の父親は1932年7月、大蔵省の星野直樹の部下として渡満しました。そのとき、満洲ではゲリラの抗日戦で治安が不安なので、母と私と弟は満洲の治安が落ち着くまで

29　前掲の『満映──国策映画の諸相』に基づき作成した。

30　1931年9月18日、現在の中国東北部の瀋陽市近郊の柳条湖付近で、関東軍の謀略によって起こった、満洲事変の発端となる鉄道爆破事件。

31　山室信一『キメラ──満洲国の肖像』中央公論新社、2004によると、当時日本から417名の高等官吏が退官し、満洲の行政府に勤めていた。

ということで東京に残りましたね。1935年3月、小学5年の終わりの頃に、私たち家族が満洲に渡りました。

林　：ずっと長春におられましたか。

緒方：いいえ、長春で中学2年まで過ごし、3年生の春に父親が当時満洲ではやっていた結核にかかり、大連と旅順の間にあった小平島の「満鉄」が経営していた結核専門の療養所に入院したため、家族は旅順に生活の拠点を移しました。小平島というところ、知ってますか。

林　：知っています。私の家は小平島の近くにあります。私の大学もその近くです。

緒方：林さんはどこの出身ですか。

林　：大連の出身です。正確に言いますと、旅順です。

緒方：あ、そう。父の病気で、僕は長春から旅順中学校[32]に転校しましたよ。

日露戦争の戦地の旅順203高地

林　：その中学校は今、軍隊の兵舎となりましたね。

緒方：そうです。1994年8月長春映画祭に参加した時、旅順に立ち寄ってきました。その建物はまだあります。僕が卒業した旅順中学校の同級生に小学校から旅順で過ごした大塚君という

32　旅順中学校は明治42年5月に創立された学校である。日露戦争が終結して遼東半島の権益をロシアから日本が引き継ぎ、関東州という名称でそこを統治するための役所が関東都督府であり、学校の名称は創立当初は関東都督府中学校であったが、後に旅順中学校に改称した。

人の手紙で、旅順第一、第二小学校の卒業生で、1992年に旅順児童教育後援会という会を結成しているそうですが、この会は旅順の93の小学校に日本語学級を作る援助をしたり、ピアノを寄贈したりしたそうです。後援会として創立のときから、友好事業として何かきちんとしたものを残したいと考えていたそうですが、当時の旅順は未開放地区ではあるが、日中相互交流、友好往来のできる場所を旅順に求めた結果、施設として公園に桜を贈呈しようということになり、桜の苗木1300本を、1994年3月20日に203高地の南麓で贈呈式を行ったそうです。当時、旅順政府は総面積4万平方メートルの敷地を提供してくれて、積極的に桜公園のほか、芝生広場、滝のある小川、温室、彫刻の広場、友好亭、日本料理苑、遊覧船の発着場などを持った「日中友好桜花公園」を4年間で完成させる計画を進めていたそうです。

林　：その公園に私は何回も行きました。それに、毎年5月のはじめごろ、桜が満開の時期にこの公園で桜祭りを実施しています。当時、長春の小学校、旅順の小学校と日本の小学校とを比べてそれぞれどう違いますか。

緒方：日本から新京に転校した小学校は、新京市白菊尋常高等小学校でした。この小学校には殆ど満洲の日本人官吏の息子たちがいて、岸信介の息子さんもいましたよ。「満洲」の「学習院」とも呼ばれた。校舎は三階建ての鉄筋コンクリート造りの立派なもので、日本国内の木造建築の小学校より進んだ感じでしたよ。満洲の日本人小学校では、日本国内小学校と同様に「天皇陛下のために」という教育を行ったが、学校内に御真

影と奉安殿はなかったですよ。旅順の小学校には国内小学校と同じく御真影と奉安殿があって、制服は詰襟でした。

林　：当時、旅順は日本の租借地だったのでしょうか。

緒方：そうかもしれませんね。

林　：満映で作られた映画「迎春花」（1942）にはスケートというスポーツのシーンがありましたが、満洲の小学校では体育の授業はどんな内容でしたか。

緒方：満洲の学校ではスポーツも日本と違いました。日本国内では、柔剣道を始め、庭球、野球、陸上競技などが主なスポーツでしたが、満洲国の小学校では、柔剣道に加えて、夏はサッカー、ラグビー、冬はスピードスケート、中学校はアイスホッケーもあって、女子学校にはフィギュアスケートもありましたよ。

林　：どうして満映に入ったのですか。

緒方：僕は子供のときから映画を観て、映画に出る風景に感動して、写真を撮ることが好きになりました。中学校のとき、お父さんにカメラを買ってもらいました。写真を撮ることで、将来ニュース映画カメラマンになりたくて、旅順中学校卒業後、満映の養成所の第一技術科（写真関係）を受験しました。養成所で2年ほど教育を受けたので、現場で撮影や現像などあちこちで助手として実習しました。

林　：映画養成所って、どんなところですか。

緒方：この満映養成所とは、満映の二代目理事長である甘粕正彦が映画大学を創立しようとして東宝映画の木村荘十二監督を招聘したが、当時の日本映画界の非協力という原因で、映画大学の設立を諦めて、そのかわりに養成所として発足した映画

専門の教育機関でした。いかに早く沢山の映画を製作するかということを前提として、学習期間が長いなどの問題点を配慮し、1年から2年間で人材を育成させる専門学校——満映養成所を創立することになったんです。1940年12月からスタートした養成所では、俳優訓練のほかに、演出科、演技科、撮影科、現像科、録音科、映写科、経営科という各分野の専門に関する総合的に育成事業を行ったんです。俳優訓練所では、1941年から終戦まで4回にわたり、計228名の学生を養成しました。

林　：満映の受験は難しかったんですか。

緒方：いや、それほどでもなかったんですよ。昭和16年12月、僕は満映養成所の受験のために旅順から長春の満映本社に出かけました。真冬の中国大陸を大連から長春まで夜行列車で走り抜けるんだけど、所要時間は今と変わりないわけで、今と違うのは、旧国鉄時代のような日本食堂式食堂車が付いて、ビールを注文すると列車の継ぎ目に積んであるビールは周りが氷っていて飲むのに時間がかかって閉口しました。

　　　試験科目は映画に関する小論文と理数系の試験を受けたが、私の中学時代は映画を観るのも学校の許可がなければ謹慎ぐらい覚悟しなければならなかった時代で、あまり映画は観ていなかったが、特に記憶に残っている作品として「格子なき牢獄」（1940年）、「舞踏会の手帳」（1939年）と、何故か日活映画、嵐寛寿郎主演の「富士に立つ影」（1942年）でした。今考えると、映画に関する小論文などといっても、どのようなことを書いたか恥ずかしい思いがします。

林　：養成所でどんなことを勉強なさいましたか。

緒方：養成内容は、自分の専門分野以外に全科共通科目として芸文
　　　指導要綱、東洋史、東亜地理、満洲の政治、経済事情などが
　　　ありました。それ以外に、バレーや音楽、楽器などの教養科
　　　目も設けました。「中国の風俗や習慣などを知らなければ、
　　　中国人が楽しめる映画は作れない」ということで、日本人の
　　　学生に中国語を勉強させました。

林　：養成所ではどういうふうに過ごしておられましたか？

緒方：12月の終わりに第二期生として合格通知をもらいました。
　　　二期生は全部で60名、日本人が10名でした。1942年1月に
　　　入所したとき、まだ寒い真っ盛りで、養成所の寄宿舎は建築
　　　工事中だったので、完成まで当時の呼び方でいえば、中国人
　　　の男子独身宿舎で一時生活していました。その時の同室者は
　　　鹿児島出身の鮫島くん（故人）でした。彼はその時すでに満
　　　映社員でカメラの助手をしていたけど、社命で再教育のため
　　　に養成所に入ったわけです。生徒は中国人が一番多く、日本
　　　人、朝鮮人、台湾人の順でした。養成所はその時、すでに一
　　　期生が在籍していて1年間の過程が終わって、現場の実習過
　　　程に入る時期でした。この中で日本語も上手でいろいろ親切
　　　にしてもらった馬守清さんは、記憶に一番残った人でした。
　　　僕の記憶では、馬さんは卒業後、東京写真専門学校に留学し、
　　　日本から満洲に戻って満映に入りました。

　　　　養成所の教室は満映本社本館の3階で、日本、中国、朝鮮、
　　　台湾の若者が映画の勉強に取り組んでいたが、授業は語学以
　　　外は通訳付きの授業で、日本人の先生が講義をすると、中国

人の先生が中国語で説明するため、授業時間が長くかかるわけです。中国人の先生が映画関係の人ではないため、日本人の先生に質問したりして結構楽しく授業を受けた思い出があります。ただし、中国人の生徒たちは言葉の不自由さから考えると、実際問題として我々日本人生徒より数倍の苦労をしていたと想像できます。

満映の旧跡、現在長影博物館（2016.6.14撮）

　嫌な授業はバレーでした。器楽、声楽、演技科の生徒は別として、背が低くて体型が悪い我々にバレーをやれといわれても、とてもまともにできるはずはないけれど、今にして思えばバレーを勉強したおかげで、今でもバレーに興味を持って、観に行ったりしています。音楽にも関心を持っているのはその頃のおかげだと思っています。バレーの先生は吉村辰彦先生で、石井漠の門下生です。同じく門下生の川崎雪子先生と夫婦で公演していました。音楽は長沼精一先生と小沢先生ですが、長沼先生は声楽とピアノ、コールユーブンゲンで音階練習をよくさせられました。小沢先生は器楽専門で、私はクラリネットとサクソホーンを練習していたが、1942年「満洲国建国10周年」のパレードに会社のブラスバンドの一員として出場して、大同大街（現、長春の人民大街）を行進した思い出があります。

小沢先生には戦後、大阪の梅田劇場で「暁の脱走」（1950）のアトラクションで田端義夫の伴奏者として、出演されている時にお会いしたことがあります。

　新しい寄宿舎に引越しできたのは、記憶では暑かったことを覚えているので、多分7月か8月だろう。中国人、日本人、朝鮮人、台湾人みんなの共同生活で衣服も同じ物を支給されて、食物も全て同じものを食べていました。しかし、中途半端な共同生活で、この寄宿舎にはどうしたわけか浴場がないため、日本人の生徒は日本人の独身寮のお風呂を利用していたし、1年経って現場に実習に出るようになると、日本人は独身寮へ、また中国人はそれぞれの宿舎で暮らすようになりました。

　舎監は日本人と中国人の退役軍人です。日本人の舎監は石三少尉といって、新京中学の配属将校をしていた人です。この人は健康維持のために、生徒にお灸をするのが義務みたいに思っている人で、僕もお灸をしてもらった記憶があるが、泊まりの日にはお灸のチェックされるので評判が悪かった。中国人の舎監の名前は謝さんと記憶に残っていますが、この人は「満洲国軍」の大佐だったとのことでしたが、この人の泊まりの日は白酒（中国のお酒）を飲ませてくれるので人気がありました。

林　：満映におられたとき、どんな作品に関与されましたか。

緒方：現場に出るまでの一年間の学科の間には、まず見たい映画を試写させてもらったが、「巨人ゴーレム」（1936）、「カリガリ博士」（1920）、「商船テナシチー」（1934）、「ブルグ劇場」（1936）、「望郷」（1937）などアメリカ映画なのになぜか満映の倉庫に

あったので、これら
の作品を勉強の名目
で試写をさせてもら
いました。かくて、
1942年の1年間で、
ヨーロッパ映画、日
本映画、上海映画、
満映作品と合わせて
236本の映画を劇場

満映本社建物を描くステンレスガラス
（旧跡三階の会議室にあった）(2016.6.14撮)

であるいは試写室で丹念に観ましたが、これを日記につけて
いました。

　また、「血濺芙蓉」[33]のエキストラとして出演しました。新
京音楽団の演奏会には必ず出席し、構成メンバーがロシア人
中心のハルビン交響楽団との年に2度の定期合同演奏会はい
つ聞いてもすばらしかったのです。この間、スタジオの撮影
現場で撮影の実際を演出し、カメラ、照明あるいは当時はま
だ少なかった同時録音の作業、アフターレコーディング、ダ
ビングルームの作業などを習ったこともあります。また、「私
の鶯」(1943)の製作にも立ち会ったことがあります。

　第一技術科の正課である現像場でネガフィルム現像、暗室
の作業の実習、この部屋の作業は感度の高いフィルムを扱う
ため本当に暗いので大変でした。部屋の目印として赤色のラ
ンプを1カ所だけ付けており、それを目印に動かねばならな

33　1943年満映の作品である。監督は広瀬数夫、アクション映画である。

かった。この仕事は杉山公平カメラマンと一緒に満映に入社した水谷長三郎という現像技師に手ほどきを受けました。彼は松竹下加茂で杉山公平カメラマンのネガフィルムの現像を手掛けていたそうです。

この時代の日本映画界はまだ監督を中心とした何々組という組み合わせが頑固に残っていて、カメラマンと現像技師の組み合わせなども有名な人はペアを組んでいたようです。そのほか、自動現像機、プリンター、現像薬品調合の実習、編集室で編集の実習見習とか、ありとあらゆることを勉強させられました。

1943年、待ちに待った実習配属の発表がありましたが、何ということか、映画化学研究所の仁保芳男[34]の助手として配属されましたが、映画の製作現場から離れてしまいました。仁保先生は京都帝国大学出身で非常に温厚な方で、奥様と二人暮らしだったが、お宅に呼んでいただいて物のない時代だったがいろいろご馳走になった思い出があります。また、先生は生半可な僕をいつも笑顔で丁寧に教えてくださったのです。そして、1945年3月召集を受けて兵隊に行く前、仁保

---

34 戦前、京都大学工学部で写真化学を専攻した仁保芳男は、学生時代にプロレタリア美術同盟に加わり、卒業後は東亜キネマの現像課で働きながら『戦旗』の京都地方配布責任者、のち「コップ」（プロレタリア文化同盟）の責任者となり、1931年に逮捕されたのちは、写真家としてメーデーや部落民の生活やたたかいなどを撮影するかたわらDP業を始める。のち満映化学研究所の嘱託として京大で写真乳剤の研究をつづけ、満映本社に招かれて、敗戦を長春でむかえた。その後、東北電影公司の化学実験室の責任者として、中国の映画事業に大きく貢献した。1953年、中国から日本に引き揚げた。

先生は、戦争がまもなく終わります、そうしたらまた一緒に勉強しましょう、と話をされた。

　しかし、写真が好きで入った映画界なので、写真の仕事ができることに満足して、研究所の実習に励んでいました。フィルム乳剤の研究なども大きな目標を挙げてはいたけど、戦争が激しくなり、満洲がドイツとのバーター貿易により輸入、満映が蓄えていたアグファの現像薬品が不足し始めたり、写真の定着液に使うバイポーの不足が心配になり、現像主薬品メトール＆バイドロキノーンの代わりに、当時手に入りやすかったアミドールの還元力をいかに持続させるかという実験にとりかかったんです。

　仁保先生がフランスの文献に、塩化第一スズを加えるとアミドールの酸化を抑制できる、と出ていたことから、塩化第一スズを加える量、現像液温度、現像時間などの組み合わせを変えて、30分ごとにこの現像液を使って感光度計で露光したフィルムを現像し、濃度計で計測して示性曲線をグラフ用紙に書き込み、曲線の低下の状況で薬液の疲労度を測定するという実験など、徹夜の状態が続いたものです。また、定着液（ハイポー）の原料を鞍山製鉄所の鉱滓を利用できるのではないかということで鞍山まで鉱滓を取りに行ったりと結構大変でした。

林　：その後、終戦までずっと同じ仕事をなさいましたか。

緒方：いいえ、そのあとは戦争がますます激しくなり、満映からも召集で兵隊に行く人が増えたので、男性が不足し、研究所の仕事以外に現像場の夜勤に駆り出される羽目になりました。

現像場の夜勤の仕事は、ニュース映画の焼き増しで、日本から飛行機で送られ、夕方受け取ったニュース映画のブルーポジからデュープネガを作り、徹夜で焼付け、現像したプリントを翌日の朝には上映課に渡して劇場に送るという仕事です。今ならテレビですぐに放映されてしまうニュース画面を、このようにして劇場のスクリーンに上映していたことを考えると、まさに隔世の感があります。自動現像機は男性が扱っていましたが、プリンターは昼間女性が扱っています。それを全部アルバイトみたいな実習生が初号の上映まで自分たちでやるのですから大変でした。

　かくて実習期間が終わって、1944年1月に正式に職場配備で満映社員となりました。しかし、この間、ますます戦況が悪化し、再教育で入所してきた友人たちは年齢が僕より上のため、召集状が来て、櫛の歯が欠けるように出征してしまいました。同室だった鮫島くんも、また上映課の本田くんも、そして馬場くんもいなくなりました。現場の人員不足は中国人の仕事の量を増やし、仕事に習熟していったものと考えられます。現像場、編集室など女性で賄える職場はますます女性が増えるため、ニュースの仕事が出ると、いよいよ少ない人数で徹夜をする羽目となりました。

　1943年実習配備の時から日系の独身寮の洪映寮に入寮していたが、1944年の冬には石炭が不足したため、洪映寮の暖房が夜10時ぐらいまでで止まるので、入浴して干しておいたタオルが朝になると凍っているという騒ぎでした。物不足は1943年から段々目立ち始めました。煙草、砂糖も配給

となり、町に出てもビールなども並ばないと飲めない状態と
なりました。

　この頃になると、思想的な混乱も起こりました。日本人以
外の民族で、日本帝国主義的抑圧に疑問を持つ人々が現れる
のは当然でした。洪映寮の入居者で仁村くんという啓民映画
の助手をしていた朝鮮系の人が『資本論』を読んでいたとい
う疑いで、逮捕されました。寮の部屋探しがありました。こ
のようにして私たち一般の日本人が、一番現実の情報から目
隠しをされていたのと、社会現象を批判する力がなかったの
で、日本の敗戦など夢にも思わなかったのです。そして日本
の敗戦は現実のものとして日に日に近づきつつあったのです。

林　：緒方さんも徴兵されましたか。

緒方：ええ。そうです。徴兵検査では第二乙でしたが、1945年2月
　　　召集令状が届きました。鞍山製鋼所を防衛する大楽屯[35]の独
　　　立野戦防空623部隊に同年の3月に入隊しました。入隊の前
　　　に召集を受けた私を含めた5名の満映社員が甘粕正彦理事長
　　　に挨拶に行ってきました。このとき甘粕さんが掛けてくれた
　　　言葉は「命を大事にしなさい」という言葉でした。今考える
　　　と、彼は戦争の終わりを予感していたのだと思います。この
　　　とき国旗に寄せ書きをしたものを頂きましたが、旧ソ連に抑
　　　留された時、没収されてしまいました。

林　：満映の社員も徴兵されましたか。甘粕さんの力で満映の社員
　　　は徴兵を免除されたそうですが。

35　中国東北地方の都市である鞍山市近くの地名である。

緒方：いや、どうでしょうか。徴兵された人がいましたよ。僕は
　　　1945年7月幹部候補生に合格したので、大楽屯から房身の岩
　　　田隊予備士官学校に入校するため転属しました。その直後、
　　　旧ソ連軍が満洲に侵入したので、われわれは瀋陽に移動し、
　　　旧ソ連軍の戦車に爆雷を抱えて飛び込む訓練をやっておりま
　　　した。ソ連軍が来る前に日本の敗戦を迎えたのですが、日々
　　　の感覚がなくて8月15日終戦となったことを知ったのは大
　　　分経ってからでした。
　　　　9月の初めに瀋陽の鉄道学校で捕虜として収容されまし
　　　た。9月の中旬、貨物列車に乗せられて北上し、黒河から黒
　　　竜江を渡ってブラゴヴェシチェンスクへ渡り、そこからまた
　　　貨物列車に乗せられるのですが、この間旧ソ連側の荷物の運
　　　搬だとか色々な使役に駆り出され、カザフスタンのチェミル
　　　タウというところの収容所に着いたのが1945年11月2日で
　　　した。その後パトホーズ、コルホーズでの労働を経てカラカ
　　　ンダという炭坑の町で3年ほど働かされてから、1948年5月
　　　カラカンタを出発してナホトカで乗船、人数の調整で待たさ
　　　れ、久留米に帰って来たのは8月のお盆後でした。

以上は緒方氏からインタビューした内容の一部分である。緒方氏のような、満映に育てられた映画人は、満映の映画に携わっていたが、満映が解体した後、中国人社員と日本人社員はいろいろな苦労を経て、中国の映画事業だけではなく、日本の映画事業にも大きな貢献をしてきた。

　戦後72年の月日を経て、今日健在の満映社員は日本人のみで、しかもその人数は一桁である。福岡に在住している緒方用光氏はその中の一人である。1942年1月、満映養成所の第二期生として満映に入った氏は終戦直前に徴兵された。その後、旧ソ連の捕虜となり、シベリアに抑留されて2年間の肉体労働を強制された。日本に引き揚げた緒方氏は映画に強い信念を持ち、自ら映画事業に身を投じて今日まで映画の夢を持ち続けておられる。

日韓往来談

口述：裵　末連／聞き手：倉光　誠

はじめに

　裵末連（배말연）さんに下関市内の教会で会ったことは、私にとって不思議な運命のように感じられる。

　彼女は私の小学校の15年ほど先輩である。

　彼女は日本敗戦後韓国に帰国され、平成になって再び日本に来られて広島に住まれた後、平成7年から下関に住んでおられる。

　自分の今までの人生を文章にしてまとめたいという希望をもっておられた。

　韓国帰国までの思い出は日本語で、帰国後のものは韓国語である程度まとめておられた。それを参考にさせていただきながらお話を伺った。

　裵さんは「小学校の後輩（私）に全部しゃべったから、本にするのはもうよい」と何回か言われたが、最終的には本として出すことに同意してくださった。なお、韓国では日常会話で自分の親族、家族にも敬語を使用していることを記しておく。

　裵　：昭和8年(1933)の10月6日、宮崎県の日南市の油津で生まれ、
　　　　6歳までそこにいたんですよ。

それからこっち（下関市秋根[36]）に来たんでしょうね。

6人兄弟。兄が3人で姉が2人、私は末っ子です。

6人のうち4人は韓国で生まれ、私とすぐ上の姉は日本で生まれました。

一番上の兄とは18歳以上年がはなれていました。

大正生まれですね。

東京で大学に行って勉強していて、私が6歳の時、油津に一度里帰りなさったが、それが最後になりました。

お兄さんは勉強を続けるために先生について満洲に渡り、その後行方がわからなくなったのです。

〈創氏改名〉

倉光：戦前は三元（ミモト）というお名前であったとお聞きしましたが。

裵　：裵は「ハイ」と呼ばれていました。

　　　姉は学校で、男の先生から出席をとる時、

　　　「ハイ」「はーい」「はい」

　　　と「はい」を3回やりとりしたこともあったと言っていました。

　　　創氏改名の時、韓国の親族から「三元」になったと連絡があり、

　　　以後三元という名にしていました。

　　　三元の由来は、先祖の三兄弟が三つに分かれたので、

　　　その子孫ということで三元という名にしたそうです。

36　現在新幹線の新下関駅のあるあたり。

〈小学校〉

倉光：入学された小学校は勝山小学校[37]の小野分校ですね。私と同じ。

裵　：小野老僧に住んでいました。

　　　お父さんは、山で炭焼き[38]をしていました。

　　　お父さんはあまり自分で仕事はしていないんです。

　　　韓国の先祖の山を売って、日本に逃亡して来たんです。

　　　こちらでは山を買って、人に任せて炭を焼いていました。

　　　一年生のときは小野分校ですね。

　　　分校には1年だけ、あと秋根にひっこしたんで、勝山尋常小学校に通いました。

　　　分校では、柴田さんという同じ年の子がいたのです。

　　　秋根に移ってからは、同級に西尾寸恵子さんとか金田サダ子さんとかがいましたね。

　　　西尾寸恵子さんとは、いつも一緒でした。

　　　住吉神社の氏子で、神社で上手に踊っていましたよ。

　　　私はね、「朝鮮人」って言われてもね、全然気にしませんでした。

　　　うちは、おてんばでね。

　　　家に帰っても、カバンは放り投げて、遊びまわって、次の朝、カバンをさがして学校に行くというくらいで、宿題も全然しませんでしたよ。

　　　学校はね、男子と女子が分れていましたが、私らの学年は人

37　現在は移転している。勝山小学校「小野」分校はそこから北に約4キロの所。

38　隣接する内日地区は炭焼きが盛んであったが、勝山地区では炭焼きは数えるほどの人がやっていただけであった。

数が少なかったから、5年生まで男女組でした。

原君とか児玉君とか、朴在圭君とかがおったです。

朴君はガキ大将じゃった。

倉光：家では韓国語ですか。

裵　：日本語。

お父さんとお母さんは韓国語で話をしていたけど。

じゃから、韓国に帰った時は韓国語が全然わからんじゃったですよ[39]。

家から学校まで近かったですね。

秋根の高伏川のすぐそばにある小さな家。

お母さんはね、学校が近いからって、昼はあったかい昼ごはんを作ってくださったですよ。

それを家に帰って食べるの。

家に帰って食べる人は他にもいましたね。

〈母が亡くなる〉

裵　：昭和19年の9月3日に母は亡くなったです。

その日は、よく晴れた日曜日。

お母さんは、高道に住んでいたお父さんの弟、叔父の所に行かれて、帰りに身体が悪くなって、お父さんの姉（姑母）の娘－私たちには姑従四寸姉（고종사촌언니）にあたる、いとこの一家が住んでいた小野中方の家によって、休んでいたん

39「自分のしてきた苦労を文章にまとめたいけど、日本語も韓国語も中途半端なのでなかなか完成しない」と言われた。

ですよ。

秋根まで、「お母さんの身体の調子が悪い」と、知らせにきてくれて、私は、姉とその小野の家まで行きました[40]。

姉は、お母さんのお世話をしていたのに、私は、お母さんに顔も合わさず、外で手まりつきばかりして遊んでいました。本当に、なさけないばかな女の子でした。

姑従四寸姉に、「早く家に帰ってお父さんを呼んで来るように。」と言われました。

私は、かけ足で秋根の家まで走って、すぐ後から姉も駆けてきました。

家には父がいて、すぐ3人で小野の方に向かいました。

小野に着いて、私は初めて気がついたのか、泣き崩れたんです。「ばか、ばかだな。うちは」ってひとりごとを言いながら、泣きました。

日が沈んで、あたりは暗くなって、お母さんは白い布につつまれ、見知らぬおじさんの馬車で、家に帰りました。

祖母が亡くなって、1年もたたないうちのことでした。

お母さんが亡くなる前の春、学芸会で担任の西本先生の指導で、皆舞台で輪になって踊った時、「末ちゃんが、踊るんだ」と喜んでくださった、お母さん。

その踊りは、「村は、土地から、まことから、大いに、花咲く、

---

40 べさんのお母さんが亡くなられた家は、私（倉光）の実家のすぐ近くの家で、戦後、他の人が住んでいて、私は何回か上がりこんで遊んだので間取りはよく覚えている。

増産を」という踊りでしたね。

良いことが一度もなかった、お母さん。

秋根の高伏川のすぐそばにある小さな家には、仏壇が二つになって、お墓は、形山のふもとに作りました。

倉光：おいくつだったのですか。

裵　：49歳。

お墓は、韓国に帰る時に、お骨を掘り出して、韓国にお墓を作りました。

〈終戦〉

裵　：ある日のこと。

朝鮮から徴用に来て、逃げ出したのでしょうね、白い上下のパジチョゴリ（韓国の男子用民族衣装）の人が、私に近づいてきて、「水を」と言ったんです。

私は高伏川を指さしました。

その人は、川に下りていって、手で川の水をすくって飲みました。

その人が立ち上がった時、川の上の方から、ヘビが泳いできて、私は「悪いことをした」と思いましたよ。

夕方、お父さんが帰ってきて、その人も私の家で住むようになりました。

李さんといいましたね。

李さんは、色んな手伝いをしてくれましたね。

防空壕を掘りに行った時、そこでもらったパンなど食べずに、私に持って帰ってくれましたが、私はきたないと思って、食

べなかった。

そのことは、今でも、李さんに申し訳ないと思っています。

李さんには、韓国に私くらいの子どもが居たので、それで私を可愛がってくれたのです。

それから、何時の日か、美代子という三つ年下の子とその母と一緒に暮らすようになりました。

倉光：日本敗戦の頃のことを聞かせてください。

裵　：昭和20年に6年生になって、それまでは勉強よりも遊びが先だった私が、勉強に興味がでてきて、楽しい日々をすごしていた時、8月15日の終戦になりました。

父と安岡の方に行った時、ジープに乗った鼻の高い米軍を見て、終戦を実感しましたね。

叔父の家、姑従の家、李さんも祖国朝鮮に帰りました。

我家は、私が6年卒業の後帰るつもりでした。

戦時中、学校の運動場をほりおこして、お芋を植えていて、秋になって、5、6年生でお芋ほりをしている時に、担任の古野かすみ先生が、私のそばに来て「三元さんは、朝鮮にいつ行くの」と言われたんです。

私はね、恥ずかしいやら、はがゆいやら、なんともいえない気持ちになって、あくる日から、学校に行かなくなったんです。

翌年春には卒業するはずが、私は、ずっと家にとじこもっていました。

だいぶたってから、ただ「早く、朝鮮に」そのことだけをくり返し言うだけでした。

お父さんは、仕方なく、下関の新地の方に家をかりて、移り
住むようになりました。

私のせいで、美代子も学校に行けなくなって、申し訳なかっ
たと思いました。

新地は秋根と違って、市場もあって、いろんな物もあり、住
みやすいと思いましたね。

その頃、鼻の先に赤い腫瘍のようなものができて、毎日病院
に通いました。

映画館もあり、田中絹代主演の「愛染かつら」を観たり、

「歌え太陽」という映画を観たときは、すぐに主題歌をおぼ
えて、歌ったりしたものです。

正月頃でしょうか、四つ違いの文子姉さんは、厚狭の方に嫁
ぎ行きました。

あれこれあって、年が明けたある日、新地の海岸からヤミ船
に乗って朝鮮に向かうことになり、兄弟が集まってお別れの
日、お兄様二方は、私に残るようにとおっしゃいました。

実は、私の方から急いだのに、それを知らず、おっしゃって
頂いたのでした。

船は夕方出発し、どの辺まで行ったかは知らないけど故障し、
新地に戻りました。

何日かして、また出ました。

でも、また引き返しました。

それが何回も続きました。

その船というのは漁船で、エンジンが悪くなっていたようで
した。

第2部　記憶と記録［日韓往来談］　191

父の親友である船長と会い、その船に乗り換えることになりました。

出航時間までわずかなので、荷物を皆移すことができず、仕方なくお父さんは、荷物のために残ることになったのです。

〈韓国へ帰国〉

裏　：私と（新しい）母と、美代子と3人、新地港を出ました。

あちらこちらから来た大人たちと一緒に、

船は動き出し、国に帰る喜びを歌い続けていました。

夜が明け、「釜山近海なので、外にでてもいい」との船長の声に、皆甲板に上がりました。

私たち3人も手を取り合い甲板に出ました。

海岸沿いを行く船から見た光景は、朝鮮の田舎らしく、チマチョゴリ（女子用民族衣装）の子ども達も見えました。

旧暦の正月が終わった頃だったと思います。

それから何時間の後でしょうか、港（蔚山市防魚津：방어진）に着き、船長が案内してくれて、船長のお宅に行くことになりました。

お宅では、ご夫婦ともにあたたかく接してくれました。

船長のお宅は坂道をあがったところにあり、港に出入りする船が見えて、町も一目で見おろすことができる所にありました。

草木も芽を出し始める頃になりました（1946年春）。

私と妹（美代子）は、近くの野原に行き、ヨモギなどを取りに出たりしてますと、少年達が近づいてきては、何かと声を

かけるのです。

何とも返事をしないと、

「쪽바리 쪽바리（チョッパリ、チョッパリ／日本人のはくたびが動物の足〔ひずめ〕のようなので日本人をさげすんで言うことば）」

と言いながらついて来るのです。

日本にいる時、いやになる耳につくことば「朝鮮人」、それがいやで、祖国に帰って来たのに、またいやな思いをしました。

私は大東亜戦争孤児でなく、終戦孤児になったような気分でした。

ある雨の日、玄関の戸が開き、「末ちゃん」という叫び声と同時にお父さんが帰って来ました。

それから幾日か過ぎ、親切な船長夫婦と別れ、船で釜山に来て二番目のお母さんの叔母にあたる方の家に来ました。

日本人が住んでいた家でした。

東大新洞3丁目黒橋（クロバシ：검정다리）のある所から、坂の方にのぼる所にあって、そこには私と同年の男の子の官久（관구）6年生と、温久（온구）4年生の二人兄弟がいて、東大新学校に通っていました。

お父さんは、私と妹を、学校に入れる手続きをしていましたが、私はことわりました。

14歳で5年生になるのは嫌でした。

ちょうどその頃、伝染病が広まって、あちらこちらに綱を張って行き来できなくなった時、私は体全体にぶつぶつができて、温泉に行こうと家を出たところを止められました。

そこで、お父さんは水銀と硫黄を買ってきて、それをスリバチに入れ、いっときかき回しました。

なかなか水銀が溶けなくて、粉になるまでは時間がかかりました。

それを日本の人が残していった木の火鉢に入れて煙を出して、そのうえに私がまたがり、顔だけ出してふとんでぐるぐるまきにされました。

煙が体全体にいきとどいたのか、あれだけかゆかったのに、かゆみがなくなってしまいました。

体全体汗びっしょりでしたよ。

その年の秋頃のある日、お父さんと私はお母さん（実母）の姉（이모）にあたる方の所に行くことになりました。

梁山郡凡実（범실）という山あいの村で、麦の穂が黄色く色づく頃でした。

細道を通り行く時に、お父さんはポケットから胃散を取り出して、山水で飲んだ後、ゆっくりと歩き出しました。

お父さんは、いつからか知らなかったですが胃散を飲み続けていたのです。

しばらく行くと川が流れていて、石を一つ一つふみ渡って行くと、水車が回っていました。

水車小屋は、麦をついたり米をついたりする所で、そこからすぐ見える、前の集落に叔母の家がありました。

川をはさんで隣村も近くにありました。

叔母の夫（이모부님）は東莱鄭氏で、そのお父様にあたるおじい様もいらっしゃって、口数の少ない方で、チョンマゲの

髪に三角の帽子をのせて、長いキセルをくわえていて、手ばなすことはなかったようでした。

叔母（이모님）には子供がいなかったので、私と一緒に住むようになりました。

翌日の夜明けに目覚めて、一緒に寝ていた叔母を見上げて、びっくりしました。

亡くなった母とあまりにも似ていて、母が生き返ってきたかのようでした。

お父さんは釜山に帰って行きました。

麦刈りが始まり、忙しい毎日が続きました。

取り入れた麦はいっぱいにひろげて、廻して打つ物（도루게）でたたいて、それを風の方向に飛ばせば、きれいに麦粒になるのです。

私は暇があれば、畑に散らばった麦の穂を拾いに出て、ひと時も休む暇なんか知らずよく動きまわるほうでした。

小川に入り、かごで魚をすくい取ったりしたものです。

川の流れが強いとき、お父さんが買ってきてくれた靴の片方が流されてしまったことがありました。

麦打ちが終わると、田植えが始まります。

今日はこの家、明日はあの家と、部落の人が一団となって田植えをするのです。

梅雨の雨が降る日、叔母（이모）宅の田植えがありました。

大きなハガマにワカメ汁（미역국）を炊いて、そこにメリケン粉をねってちぎって入れてワンタンのようなもの（미역국수제비）を作るんですが、それを釜いっぱい炊いたのです。

昼になる前、マッコリと一緒に出すのを間食（새참）といいますが、私も少し食べてみたかったのに、少しも残さず皆持っていってしまいました。

私はその大きな釜を洗いながら泣きました。

その田んぼに植えた苗が日に日に青々となり、草取りもすみました。

毎日暑い日が続いて、稲穂が実り始めると、すずめの群れを追い払いに行かねばなりません。

「フー　フー」大声で叫びます。

狭いあぜ道をはだしで行ったり来たり走り回るのです。

すずめが来ない時もあります。

そんな時は、日本から来る時に、姉が私の荷物の中に入れてくれたリボン模様の布、6年生の時の裁縫の先生に教えていただいてハサミをいれておいた布、それを田んぼのあぜにかけて、汗をかきながら、一針一針縫い合わせ、何日かかけて立派なリボン模様の簡単服を作りあげました。

いつか姉に会ったら髪が伸びたよと話したくて、朝鮮に来てから一度も切ったことのない髪は、両方に分けて結べるようになっていました。

姉に会いたい時は、音楽の時間に教わった歌を口ずさんでいました。

「我が家に、咲き出し　白百合のやさしき　姉の嫁ぎ行く
　　めでたき日なれど　などか　さびしさこもる　あかね雲」
を歌いながら涙したのは数えられないほどです。

叔母（이모）の家より少し高い所にあった家に、私より2歳

上の봉자（奉子）という名のやさしい子がいて、両親と5年生になる학자（学子）という名の妹と4人の家族が住んでいました。

奉子と私は仲良しになり、私たち二人は、旧のお盆祭りが近づく頃、話し合って村の人たちを喜ばせる催しをしてみようということになりました。

奉子が友達を呼び集め、私が遊戯を教えることになりました。

練習のために、村の前にあった水車小屋をかりることになり、村の子供達が集まりました。

私は日本の学校で学んだ踊りやら、学芸会などで学んだものを皆引き出し、また、秋根上に住んでいた住吉神社の氏子西尾寸恵子さんや、合田あや子さん、金田貞子さんらが踊った踊り、住吉神社の方に住んでいた冨田昭江さんの踊りなどを思い出しながら、朝鮮の歌に合わせて工夫し、ようやく何とかお盆の祭りの日をむかえることができました。

村の藁葺家にはかならずある板間（마루）がありまして、となりの藁葺家をかりて舞台にして、発表の日をむかえました。

夕方、村の人が庭いっぱい集まってくれました。

幕が上がり、子供達が次から次へと出て踊りました。

日本の歌や朝鮮の歌に合わせて踊りました。

隣の村からも子どもや若者、お盆で里帰りした方もたくさん来てくれました。

村の青年（총각）らも大勢来て、庭の後ろの方に立って口笛をピーピーふいて応援をしてくれました。

叔母の夫（이모부）の親戚の鄭氏の총각（未婚の男子）もいま

した。

日本の学校を卒業していた月連という名の娘も、祝日なので故郷に帰ってきていました。

多くの人々に楽しんでもらって、時間もあっという間に過ぎ、終わりになろうとする時でした。

あるおばさんが、「先生はなぜ出ないの」って大声で叫びました。

奉子が私に近づき、チマチョゴリをぬいで着せながら、急いで舞台に押し出しました。

私はおそるおそる舞台に上がりました。

そして、月連に「荒城の月を歌って」とお願いし、踊ったのです。

叔母が喜んで、「うちの末っ子が、うちの末っ子が（우리연이 우리연이）」って何回も大きな声を出して喜んだですよ。

いつの間にかお盆もすんで、秋の収穫の時が来ました。

稲刈りをしたり、稲の束をかさねて結び、頭にのせてはこんだりいそがしい日々が続きました。

私は一生懸命お手伝いしました。

暇な時は、田んぼのまわりを歩きまわりながらドジョウをつかまえて、食膳にのせたりしました。

私は小さい頃からよく動き回る方だったので、好きでそのようなことができたと思います。

月の明るい晩には、봉자（奉子）と私はゴザをひいて座り、千字文を開いて、봉자（奉子）は漢字を、私はハングルを互

いに学び合って、月の光の下で二人の神仙遊びに充分満足しました。

千字文を開くと漢字の下にハングル文字があるんですが、私はそれを覚えるし、봉자(奉子)の方は漢字を勉強しました。5～6回やりましたね。

〈学習〉

褒 ：秋の収穫でいそがしい日が続いても、私たちは夜に会って勉強するのが楽しく、私は本当にきつさもわすれて勉強したんです。

そのあと書堂（서당）に2カ月通いました。

お父さんの姉（姑母：고모）の所は精米所をしていて、暮らしはよかったんです。

そこの息子—私のいとこ（사촌）ですが、面（村役場）の仕事をしていたので書記の人を使っていました。

その人が夜、書堂で20人位、おばちゃんくらいの人からいろいろな年齢の人にハングルを教えていました。

洪先生といって、私より5～6歳上の青年でした。

都会では女の子も学校に行っていましたが、田舎では女の子は学校に行かなかったですね。

姑母（父の姉）は書堂に行くのにも

「女の子が勉強して何の役に立つか」

と言って怒りましたよ。

ハングルは簡単におぼえましたね。

今の字とパッチム（綴り）がちょっと違っていましたが。

書堂は村の集会場を使っていましたね。

屋根の下に一つの部屋があって、黒板が一つありました。

期間は秋の収穫がすんで旧正月の1〜2日前までで2カ月くらいでしたね。

正月になると、教える方もそれぞれ仕事がありますからね。

その年は、叔父(작은아버지)の所に行って正月を迎えました。

書堂に通ってハングルの読み書きができるようになり、作文を作って出しました。

倉光：本や新聞もすぐ読めましたか。

裵　：漢字が入っていたのですぐおぼえられました。

漢字を見てこんな意味かな、というのがわかりましたからね。

漢字とハングルとを頭のなかで合わせながら楽に覚えられました。

私のように10歳を過ぎて帰国した者は、特に姉が日本にいるということもありますが、日本語も忘れなかったですね。

10歳以下で帰国した人は日本語を早く忘れていますね。

昨日（平成24年11月2日）私と同年で、台湾から韓国に帰国して今下関に住んでいる友達と、俵山温泉から帰りに次のバス停まで、昔覚えた日本語の歌を歌いながら歩きましたが、昔の日本語の戦歌から、幼稚園や国民学校の歌もたくさん歌ってお互い感心し合いましたよ。

帰国した年（1946年）の秋、陰暦の10月末頃のことです。

朝、目をさまして叔母さんを見ますと、息がなかったのです。

ゆうべ私と話をしたのに、朝、おだやかな顔で亡くなってし

まったのです。

葬式に来た父は、私を残して釜山にもどりました。

叔父と祖父二人がかわいそうな気がして、私が残ることにしたのです。

私は一生懸命、お二方の手足になって動きました。

そんな日々でも、奉子と一緒に勉強するのが楽しみでした。

叔母（이모）の所にいる時、お父さんは釜山に出て、

いわしやわかめの干物を持ってきて、村のおばさんたちによろこんでもらいました。

そのお金で、穀物を買って釜山に行くという仕事をしていました。

叔母（이모）が急死した1946年の暮れに、お父さんと釜山に出てきました。

その前のことですが、お父さんがいつものように干物をもって来ました。

当時の朝鮮の家は藁葺き屋根で、毎年ふきかえるのですが、ふきかえが終わったら1年の仕事が終わる、と言われるほど大事な仕事でした。

それが終わって、お父さんがお米を持って釜山に戻る前、そのお米の袋があまり小さく見えたので、ちょっとでも足したい気になり、台所に入ってお米入れのふたをあけて、中にあったしゃくで2回くんで袋に入れました。

わずかだと思いましたが、罪は大きいものでした。

部屋にいつもしいている布団の下にかくしていました。

後になって思えば、布団の下に入れたのが悪かったのです。

不思議なことに、めったにお客さんが来ることはないのに、その日にかぎってお客さんが来ました。

私の部屋が暖かいといって、叔父さんはお客さんを私の部屋に案内しました。

布団を部屋の片方に押した時、お米の袋が出てきたのです。

私は何も言うことができませんでした。

お客さんが帰ったあと、部屋においてあったお米を入れた二つの壺のふたを、叔父さんが一つ一つ開けて調べました。

叔母さんが生前お米を入れて置いていたのです。

お米がふたまでなかったので、私が手をつけたということになってしまいました。

私はまったく知らないことでしたが、何も答えることができませんでした。

叔母さんはもう亡くなっていて説明ができません。

私が皆かぶってしまいました。

そこに出かけていたお父さんが、何も知らずに帰って来ました。

あくる朝、日が昇る前、お父さんと私は叔母（이모）宅を出ました。

お父さんは私に、何も一言も言いませんでした。

私はお父さんに申し訳ないことをしました。

村の前の楽しかった水車小屋も、友達も、それで最後になってしまいました。

釜山は東大新ではなく、西大新洞で、お父さんと私だけの暮らしになったのです。

私は（二番目の）お母さんにも、美代子ちゃんにも会いたかったけど、何も言いませんでした。

有名なドッテギ市場を見に行くと、少年達が煙草売りをしていました。

「芙蓉煙草はふたケースで15元」と言いながら歩き回っていました。

その頃は、ばらで売っていた煙草もありました。

時々米軍を見かけることもあり、軍隊用の靴や毛布なんかも路上に積み重ねてあったりして、それは初めて見る風景でした。

お米は大新洞事務所から配給があって、受けることができました。

帰還同胞たちにもたまに会えました。

勝山小学校で同級だった金子好江さんにも会ったことがあります。

寒い冬の日、お父さんはふるさとに行って来ました。

そして、それからふるさとの梁山郡で暮らすようになりました。

院洞（읜동）駅から1里半くらい行った所に分かれ道がありますが、私たちは右側の山道を行きました。

少し離れた前の方に見える内浦という村には姑母（고모）の家が見えました。

山道をずっと登ってやっとたどり着いたのは、山あいの小さな村で、祖母沈氏の直系にあたる家でした。

一家三代の大家族が豊かに暮らしていました。

第2部　記憶と記録［日韓往来談］　　203

そこの息子さんが沈漠習さんという人で、奥さんと3人の子どもが居て、私と同年の鳳花とはすぐ仲良しになり、楽しく過ごせるようになりました。

鳳花は両膝が悪く、思うように歩けなくってつらそうでしたが、よくがんばっていました。

今でもあの頃のことが目に浮かびます。

谷間に3軒だけの集落でしたが、人数は多かったです。

お父さんの生まれた村は、そこからさらに山奥の方に登っていった所にありました。

そこの村は他人よりも親類の方が多かったです。

裵氏の家門を守り続けてきた宗孫であり、またいとこ（六寸兄）になる方の一家三代が暮らし続けていました。

そこはメンジグムという村でした。

小野中方から帰国した叔母の娘の家族も住んでいました。

その年（1946年）も終わりになる頃、私の髪は一つに結ぶことができるまでに伸びました。

1947年、朝鮮に帰ってきて初の正月をむかえ、私は15歳になりました。

正月の十五夜のお祭りの話をしましょうか。

真ん丸いお月様が上がると、お祭りが始まるのです。

3本の木を結んで立て、まわりに青い松葉の枝をぐるぐる廻して、月の家が出来上がります。

そこに火をつけるのが二十を迎えた成年の役割、というならわしがありました。

宗孫兄の次男鐘桂が二十でしたので、火をつける役をしました。

月が上がり、火がいきおいよくパチパチと音を出して燃え上がりはじめると、村の若者も、大人も、楽器や笛などを持ち、燃え上がる火の回りをぐるぐる廻りながら、踊ったり歌ったりにぎやかに、今年も豊作になることを願いながら夜をすごしました。

〈父が亡くなる〉

裵 ：韓国に帰って2年目のこの年の春、私が15歳の時にお父さんが亡くなりました。

52歳でした。

昔の人はそれほど長生きができなかったですね。

お父さんの体調がわるくなり、私は朝の通勤列車に間に合うように、暗いうちから家を出て、釜山に着き、お父さんの薬を買い、大新洞事務所で配給米を受け、夕方通勤列車で帰ったりしたものです。

月々配給がありましたので、慣れていました。

宗系の三男が、明田村から薬草の根を掘って持ってきてくれ、少しは楽になると言って、それをゆがいて飲んだりしたこともありました。

その頃は、病院なんかは、考えはしても行けなかったです。

お父さんは日に日に弱っていき、ある朝、目がさめて見たら、私を抱いたまま冷たくなっていました。

旧の4月16日でした。

お父さんのお墓は沈氏の山の日当たりの良い所にあります。

お父さんが亡くなった日の夜のことです。

第2部　記憶と記録［日韓往来談］　205

日が沈み、あたりが暗くなりだした頃、私が外から部屋に入ろうとした時でした。

赤い火の玉が、私の頭の上から家の裏の方へ沈んでいきました。

私はあまりにもこわくて、扉をどう開けて部屋の真ん中に座り込んだかわかりませんでした。

　（いっとき泣かれたので、しばらく中断しました）

〈朝鮮戦争〉

　裵　：6.25からしばらくは、釜山周辺は平穏でしたね。

　　　　私は18歳でした。

　　　　釜山まで流れる洛東江沿いにあるウォンドン（원동）に私の叔父（작은아버지）の家があるのですが、そのあたりまで北朝鮮軍が来ましたね。

　　　　米を焼かれたことと、親戚の甥がパルチザン（抗日運動軍）に山に連れて行かれたことを思い出します。

　　　　あのあたりでは、秋に収穫した米をモミの状態で、わらで作ったナラクドゥジ（나락두지）という庭の片隅に作った貯蔵する所に入れておいて、次の年の春までは少しずつ出して臼で脱穀して食べていました。

　　　　旧暦の1月10日前ですよ、パルチザンがそのわらに火をつけて歩いたのです。

　　　　当時は5日毎に村に市場が立ちますが、次の年（1951年）の正月過ぎは半分焼けたお米が出ていました。

　　　　私のお父さんには3人兄弟がいて、長兄の息子（私のいとこ：

父の甥）のその息子は、族譜上ではわたしが23世でその人は24世ですが、私より6歳年上でした。

彼が24歳の時だったと思います、パルチザンに山に連れて行かれて、作業をさせられたのです。

隙を見て逃げてきて、家におれないのであちこち逃亡生活をしていたんです。

ある日、国の治安本部長から申し出なさいというので、父の甥が申し出たのです。

深い穴を掘らせて撃ち殺したのです（25歳の時）。

父の甥は103歳まで生きたのですが、「自分が自分の子どもを殺した」と言って眼が見えなくなったですよ。

私の方が年下なのですが、「おばちゃん」といって可愛がってくれましたよ。

今では韓国ではあまりふれないようですが、これはうちの国が悪い。

歴史に残るような悪いことです。

私は韓国語で綴っていますが、まだ日本語になおしていないですね。

国から殺されたんですよ。

若いのに今思い出しても、もったいない。

倉光：話は変わりますが、結婚はいつ頃されたのですか。

裵　：結婚の話はしたくないですね。

倉光：李承晩大統領の時代のことや、朴正煕大統領の時代のことを話していただけませんか。

裵　：朴大統領の時、相場が100分の1に変わりました。

李承晩大統領の顔が描かれたお札がなくなりましたね。

朴大統領もよくやりましたよ。

セマウル運動は今でも尊敬されています。

でも悪く言う人もいます。

「独裁者で、何がいい人かね」と怒った人がいて、私は何にも言えなかったことがありましたが、あの人はよくやりました。

歴代大統領は辞めたあと、いろいろな問題が出てきているのに、あの人は田舎育ちで、苦労して、お兄さんはそのまま田舎で暮らしたのに。

2回でやめたらよかったかもしれません。

あの人が暗殺された時、皆泣きましたよ。

あの人が漢字をなくしたのは良くなかったですね。

これは悪い意味で歴史に残りますね。

〈再来日〉

裵　：海が陸地であったら歩いても来たかったですね。

子どもの時育って、お姉ちゃんにも会いたくて。

亡くなったうちの主人に韓国で出会って、結婚し、平成になった頃広島に来ました。

広島ですごしたあと、平成7年から下関で暮らしています。

韓国から日本に来たいというのは、兄弟が日本にいるということが大きいですね。

二人の兄は私が下関に来てから間もなく亡くなりました。

〈教会〉

裵　：韓国にいる娘が「教会に行ったら」と1回言ったのです。

　　　娘は口の重いほうですが、その娘にたった1回だけ「教会に
出たら」と言われたのです。

　　　日本に来て、お宮にもお寺にも興味が持てなくて、子どもら
に何もしてやれなかったんで、それくらいは聞いてやらねば
と思って。

　　　下関の今の教会に通い始めて7年位になりますね。

　　　あまり神に依存する方ではないんですが、自分勝手に「神様
おはよう」とか、できるだけ悪いことはしないようにしてい
ますが、悪いことをすると「神様すみません」とは言います
よ。

　　　韓国にいる時は教会に行く興味がなかっただけ。

　　　子どもの父の姉が教会に出ていたんですが、私は行かなかっ
たですね。

〈仏壇〉

裵　：韓国には仏壇はないんですよ。

　　　お墓だけで。

　　　日本のいいのは、毎日ごはんをそなえて手を合わせることで
すね。

　　　韓国では正月、盆、法事にお墓まいりをするくらいですね。

倉光：韓国、日本の二つの国にすごしてきた今までを振り返ってみ
て、どう感じておられますか。

裵　：子どもの頃までいたというのは大きいですね。

ただ私には、ここが「ふるさと」という所がないですね。

お父さんが眠っている墓のある所が「ふるさと」です。

ここ勝山も「ふるさと」と言えます。

お父さんの墓のある所に行くと、山をゆっくり歩いたり、写真を写したりします。

ウォンドン駅から30分歩けば行ける所にあるのですが、けわしい道は歩きにくかったです。

この頃は道がよくなって1万ウォン出せばタクシーで墓の前まで行けますね。

1980年代だったか、国勢調査があって、「聯合ニュース」という新聞を見ると、うちらの山が一番値段が安かったですね。山と山が重なっている、そんな所。

でも、今は買おうと思っても買う場所がないです。

空気がよいので、金持ちが買って別荘を作っているんです。

戦争が終わって韓国に帰ってから、30年くらいは韓国と日本の行き来ができなかったですよ。

渡航許可を得るのにソウルまで何度も行ったり来たりしなければいけなかったですね。

許可も1回毎得なければいけなかったのに、今は随分と便利になりました。

船に乗ったら、自分の家のように感じますよ。

裏末連氏（左）と倉光誠（勝山小学校小野分校跡）

インタビューを終えて

倉光　誠

1. 小学校の先輩としての裵さん

　裵さんは勝山小学校6年生の時に韓国に帰国された。私が同校に入学したのはその10年後である。裵さんのお母さんが亡くなられた家は、戦後、他の人が住んでいて、私は何回か上がりこんで遊んだので間取りはよく覚えている。裵さんも私の実家を覚えておられ、私は先輩・後輩を超えた縁を感じて、質問する際何も遠慮せずに質問できた。

　「秋根」という所は、現在新幹線の新下関駅（前身は長門一の宮駅）のあるあたりで、この近くに勝山小学校があった（現在は移転している）。勝山小学校「小野」分校はそこから北に約4km行った所にあっ

勝山小学校（昭和30年4月撮影）

た（今は廃校となっている）。

「小野」は北から順に「老僧」「高道」「上方」「中方」「下方」、東側に「東山」の六つの集落に分かれている。小野という所は名の通り田んぼが狭いところで、昔から小規模の農業と林業を生活基盤としてきた。

裵さんが住んでおられた頃と、私が小学生だった昭和30年代の景観の変化はほとんどなかった。農村社会では一般的にそうであろうが、小野も借家は少なく、また借家の居住者は数年で転居される場合が多い。定住者が行う地域の共同作業には、非定住者は参加していなかった。非定住者の名は地域の人にかすかに記憶されるが、どこから引っ越してきて、どこに引っ越していったかはわからないか忘れられることが多い。裵さんのお母さんの亡くなられた家の持ち主（私の実家の3軒隣の人であるが）に尋ねてみたが、「朝鮮の人が何人か住んだのでよく覚えていない」という返事だった。しかし、裵さんの小学校の同級生たちは裵さんのことを末連という名でよく憶えておられた。

農村社会では非定住者はよそ者と見られ、更に国籍が異なれば（集団で住んでいるのではなく、一軒一軒ばらばら住んでいるのも重なり）孤独感は一層強かったと思われる。

私が勝山小学校小野分校に入学した頃も「チョーセン」ということばは残っていて、その孤独感の空気は理解している。裵さんは日本の文化も韓国の文化も両方、体験的にご存じの人である。一方私は、日本の文化しか体験的には知らない。聞き語りのなかで姻戚関係の呼称のことをはじめ、私が知らないことがたくさんあったが、裵さんはなんでも辛抱強く説明してくれた。

2. 日本敗戦後何歳で祖国に帰ったかについて

　日本の敗戦によって朝鮮半島にいた約70万人（38度線から南45万人、北25万人）の日本人はほぼ全員が、時期は異なるが組織的に海を渡って引き揚げて来た（北朝鮮からの引揚の途中に約3万5千人の死者が出ている）。

　一方韓国・北朝鮮に帰国した人は韓国に150万人、北朝鮮に10万人（1944年末の朝鮮人在住総数は約190万人）とされている。海を渡っての帰国は必ずしも組織的にされたわけではなく、また帰国するかしないかの選択肢が残されていた点が日本人の引揚げと大きく異なる点である。

　日本人は朝鮮半島でも、ほぼ全員が日本人社会に住み、日本人の社会に引き揚げてきた。従って、何歳で引き上げたかで生じる違いは大きくなく、祖国日本に対する意識の差が生じる可能性はないと考えられる。

　一方、日本から朝鮮半島に帰国した場合は、何歳で帰国したかによって日本及び祖国に対する意識の違いが生じる。

　韓国の前大統領李明博氏の自伝には、1945年11月4歳の時、下関港から帰国船に乗って釜山に向かい、対馬の沖合いで沈没、「海から引き揚げられ故郷の地を踏んだ時、私は四歳だった。難破した帰国船に対する記憶はまったくない。故郷に対する最初の記憶は浦項（ポハン）の市場界隈の貧しさだった」と書かれている。李前大統領の場合、帰国後は完全な韓国人として成長できた。

　ところが妻さんの場合はどうであろう。彼女は小学6年生まで日本の学校に通っている。私は小児科医としての立場から、11歳から12歳あたりが子どもの完成期ではないかと思っている。

裵さん自身「10歳以下で帰国した人は日本語を早く忘れている」「私にはふるさとがない」と話されている。帰国後も、かつて日本人であったことを半肯定して生きていかざるをえなかった年齢であったと考える。

　裵さんはお話のなかで、帰国後韓国語は苦労なく覚えられたとおっしゃった。何度もお聞きしたが、苦労しなかったとはっきり言われた。

　またここで比較のために他の人物を出すのだが、『猪飼野詩集』『失くした季節』など多くの詩集を出している金時鐘という詩人がいる。彼は1929年（昭和4）元山で生まれ、済州島で育ち、1948年（昭和23）に済州島パルチザンの関係で亡命者のような形で日本に来た。

　昭和4年であるから裵さんの3〜4歳年長で、日本敗戦時は16歳位である。完全な朝鮮育ちなのだが、日本の敗戦までは日本語しか使わず、著作の中で「朝鮮文字ではアイウエオの『ア』も書けない私が、呆然自失のうちに朝鮮人へ押し返されていた。私は敗れ去った『日本国』からさえ、おいてけぼりを食わなければならなかった正体不明の若者だった」、そして、日本敗戦後、「朝鮮語を壁に爪を立てるようにして学んだ」と述べている。

　12歳と16歳とでは言葉に対する要求度は大きく違うが、完全な朝鮮育ちであっても裵さんと同様な言語環境にいたという事実があったのである。金時鐘のような環境にいた人はどれくらいいたのか、私の無知のせいでよくわからないが、金時鐘は「朝鮮語を壁に爪を立てるようにして」学び、日本人であったことを一気に全否定することから解放後が始まっている。

3. 創氏改名や朝鮮戦争など歴史的な出来事について

創氏改名のことが出てくる。裵さんは淡々と語られた。

また、朝鮮戦争についても、裵さんの住んでおられた地域はぎりぎり戦場にならなかった地域であったので、戦争そのものの話はなかったが、パルチザンに作業協力させられたため処刑された親戚の方の話は、日本に住んでいる人間には想像を超えた話であった。裵さんはこのできごとについても、少しずつ書いているとおっしゃっておられた。

ここには載せていないが、例えば靖国の問題などについても、裵さんは自分の意見をはっきり述べられた。その意見も日本と韓国の両国を知っている立場の意見であるので、ナショナリズムに汚染されていない。裵さんには極端なナショナリズム形成の背景がなかったからだとも言えるが、そのことは彼女の悲しみの中心である「ふるさとがない」ことにもつながっている。

韓国帰国後のことは、私に地理的、歴史的な知識が不足していて十分に聞き出せていないのが心残りではある。

日本人の引揚げの記録を目にする機会は少なくないが、戦後帰国した韓国人の記録を日本にいて目にする機会は少ない。お話を聞かせて下さった裵さんに感謝したい。

砂漠のようになった風陵渡

編集後記　インタビューという方法

崔　吉城

　最近、面接調査で異様なことに気が付いた。戦争と人々の移動に関するインタビューなどの内容を記録した報告書、資料集は膨大にある。それは証言であり回想であり、時には語り部による口承的なものである。夢を持って植民地へ進出した日本人が敗者として悲惨な引揚者となり、その証言集が悲惨な描写になっているのは当然であろう。山ほど積まれている証言集が千篇一律的に悲惨な残酷物語になっているのがそれである。植民地時代を経験した人々からの証言集は膨大であり、なお増えつつある。多くの研究者や記者たちがその従事者である。

　個人差はあるにしても戦争と植民地に関する証言集は、ほとんど悲惨な状況や時期のものであり、悲惨な内容が中心となっている。

　私は経験的に証言自体が必ずしも悲惨一色ではないと思っている。悲惨な内容とは、戦争自体はもちろん悲惨ではあるが、主に調査者によるインタビュー方式や記録方法によるものではないかと考えた。これは文化人類学のインタビュー、その方法の問題であり、文化人類学の方法論に立ち戻って考え直してみるべきだと思う。

　私は、カザフスタン強制抑留者と日中戦争の参戦者にインタビューした時、引揚者自身は明るく語った[41]。若い時の辛い経験を高齢になっ

41　2009年6月14日、3回目インタビュー：山口県熊毛カザフスタンに強制抑留された弘中氏（90歳）は抑留中カザフスタンのアルマトイなどで鉄道工事などをしたという話を聞き、その記録を文章化した。映像で記録も行った。私は10年ほど前にアルマトイを訪問したことがあって話が盛り上がった。彼は捕虜とは言っても自由に収容所から出かけてロシア人、モンゴル人、朝鮮人、日本人にも会ったという。4年後に帰国して米のご飯を食べて日本に帰ったことがほんとうに嬉しかったと語っていた。彼は収容所の話を青春時代の良い経験を語るように明るい表情で語った。2012年11月30日にもインタビューした時、本人が自分の辛い過去を昇華して生きてきていると私は感じた。

てノスタルジックに語る人も多い。植民地で幼少時代を過ごした人は、そこを忘れられずこれまで旧友を訪ねて歩いてきたと言う。当時、生活した朝鮮半島への愛着、生まれ、育てられた故郷へのノスタルジアは純粋なものであり、懐かしさを語っている。そして朝鮮半島を「生まれ故郷」「第二の故郷」だと語る。彼の言動は既存の大量の悲観的な証言集とは異なっていた。既存のインタビューや証言を読み直すべき問題点に逢着したのである。

　一般的に、インタビュー内容と記録とは異なっている。高齢者の彼らが苦難事を明るく語るのは個性と言われるかもしれない。しかしそれ以上の意味もあるかもしれない。彼らはなぜ、資料は悲惨そのものでありながら、どうして明るく語るのか、悲惨さとかけ離れて語るのはなぜだろう。そこには体験からのタイムスパンの問題があり、加齢によって記憶への解釈や語る様式の変化、記録者の先入観など様々な理由が想定される。そこで、証言をどう聞いてどう書くかが問われる[42]。それは記憶と記録を考える上で重要なことだろう。
　もう一つは、面接とプライバシーの問題である。ある被調査者と充分ラポール（親密な関係）が成立し、本人も実名で思い切って証言し、公表することを望んだが、同席した同行者たちが人権、プライバシーを云々したので報告書の作成を躊躇することになったケースがある。これは面接調査を重要な方法とする文化人類学の危機と言わざるを得ない状況であり、学問の難問題であろうと思う。
　引き揚げ、あるいは追い出され、敗戦によって帰還し、またそこで厄

42　James Clifford *Writing Culture*, University of California Press, 1986:252

介者のような存在になり、といった苦難話も多い。戦争の記憶は人それぞれであるにも関わらず、引き揚げ者の加害はほぼ意識されずに敗戦による被害を強調する。否、被害しかないのかも知れない。なぜであろうか。それは、戦争や植民地経験というものは勝者・敗者ともに被害を受けるということを語っているのであろう。

　我々文化人類学者は終戦後の引揚者、最近は難民などの話を聞くが、直接お会いしての面接が難しくなり、研究や学問自体が危機ともいわれる。つまり地理的社会的距離が縮小され、被調査者へのプライバシーへの配慮などが高まり、調査や報告が大変難しくなりつつある。現在は特に植民地と被植民地の支配・被支配の関係、歴史認識などが負の遺産として残っている[43]。個人情報保護という人権思想が強くなり、インタビューが難しく、かなり制約されている中、どうすべきかと考える。今、その方法論が問われている。文化人類学や民俗学では観察や面接、インタビューなどが情報収集の重要な方法である。

　語る状況は悲喜を含むのが自然であろうし、多くの証言集の価値評価は難しいと思う。それらのインタビュー状況や記録過程を検討すべきであろう。多くの経験や体験は私の人生の中で変質し、生きる力にもなっていることを悟る。悲惨な戦争をノスタルジックに明るく語る人もいる。それを戦争や略奪などを反省しない破廉恥なこととして非難してはいけない。むしろ傾聴すべきである。国家も個人も悲惨で悲劇的な歴史をもっているからである。

43　竹沢尚一郎『「フランスの人類学と人類学教育」国立民族学博物館研究報告』
　　31（1）：21–25（2006）

また、一人の話者が複数の人を対象にして証言や語りをするのは、インタビュー方式としては正しくない。私は数年の間、植民地体験者をグループでインタビューした経験があり、それを通して考え直す契機となった。場合により一人で複数の人に、時には複数の調査者として一人にインタビューすることもある。また親密なラポールの成立がないままに、いきなりのこともあれば、親しすぎてインタビュー形式が成り立ち難いこともある。

　そうした形式的なことも考えなければならないが、何より重要なのはオーラル文化から記録文化への根本的な課題、それは証言、口承文芸[44]、エスノグラフィー（民族誌）の根本問題である。

　私は、10歳ころの朝鮮戦争の体験を記憶に基づいて語ったり書いたりしている。それは状況によって解釈や意味づけが異なることもある。それは証言ではない。ここに記録をどのように読むべきかの読解と解釈の問題が現れる。回想は口演される時、一般的に変異が起こる[45]。戦争体験者は被爆などの体験の記憶をもって口演する。いずれも元の話とはかけ離れることが多い。インタビューと記録とテキスト化に関する方法論を検討すべきである。

　現地調査で聞く「話」は調査資料の基礎となる。「話」とは何だろう。その現場の状況で作られたものであり、言語環境、広くそれは自然環境を含むが、人的環境が重要である。騒音なども含まれる。不本意な音などは記録過程で除かれることがある。また多くの人は記憶によっ

44　ウォルター・J. オング（著）『声の文化と文字の文化』藤原書店、1991（Walter J. Ong *Orality and Literacy* 2012:124

45　Jack Goody *The Interface Between the Written and the Oral*, Cambridge University Press, 1987

て語ることがある。それはどのようにトランスミッション（伝送伝承）されていたのか、細かく検討すべきであろう。

　記録史は無文字時代から有文字時代へと発展したものである。私が生まれ育った村は、表札だけが文字であり、ハングルさえ存在せず、無文字、オーラル社会であった。しかし村人の間では挨拶、会合、通信、喧嘩などが頻繁、活発であった。そこでも話は一回性のものもあるが、個人あるいは家族や村レベルで記憶されて行事や祭りなどが行われた。文字がないからといっても話はただの流れるものではない。約束は守られ、信頼性と信用が存在していた。

　グディー（Jack Goody）は、西アフリカでの現地調査の経験に基づいて口話のインタビュー調査から「話」を文章化する書き取りなどを経て調査報告書まで書き上げる過程に焦点をおいて分析した。グディーは、現場の生の話であっても、雑談や会話、また記憶による回想談から形式的な「ごあいさつ」などがあり、さらに形を整えた昔話や伝説、神話などがあるとする。昔話は一般的に時代や場所は特定しない。人物のキャラクターも重要視されずメッセージ性が強い。伝説は事実や遺跡などをもって作られる仮想の話である。神話は主人公が神である。

　これらの話は記録されず、口承文芸として定着していた。それが記録されたのである。日本では広島の被爆に関する多くの語り部が存在する[46]。あるいは語り部による村おこしをしている遠野市などがある[47]。

46　Lisa Yoneyama *Hiroshima Traces* University of California Press,1995
47　川森博司「観光と民俗文化－遠野民俗誌」DVD、国立歴史民俗博物館 94/95

語り部は聞き手によって左右される。生の話は言語や文字によって表現される。話は原資料と言える。場合によっては裁判の証言にもなっている。つまり、証言と記憶の問題が問われる。生の話でも記憶、あるいは伝統的な口承かも知れない。文法やレトリックで作文した構成文かも知れない。大概「話」は話す状況がある。ディクテーションは別の状況で行われる。新しい文法やレトリックにより作文となりうる。

一般的に言語学者たちはスピーチ、プレース、センテンス、品詞、意味素、形態素などで分析しているが、それでは語れる状況を分析するには不十分である[48]。その文法やセンテンスから外れた状況、つまり笑い声などを含むディスコースの概念で分析する必要がある。騒音、感嘆詞、ジェスチャー、言語などを含んで分析する。

独白、発信と受信などは自然の状態で行われたのかを考慮すべきである。インタビューを行う時、証言集を読む時にも、総合的、ニュートラル、客観的に行っているのかの資料評価の上、記録し、資料として使い、参考にすべきである。インタビューも繰り返し反省、再出発しなければならないと思う。

---

48 Hall, G. *Literature in Language Education*. Cambridge University Press,2005：9

■執筆者紹介
　崔　吉城：東亜大学教授・広島大学名誉教授
　林　楽青：大連理工大学准教授・東亜大学大学院博士過程在学中
　倉光　誠：東亜大学東アジア文化研究所研究員

■本書制作にあたり、2016年度ワンアジア財団からの支援を受けました。

ワン・アジアに向けて

2017年3月31日　発行

編者　崔　吉城
発行　東亜大学東アジア文化研究所
　　　〒751-8503 山口県下関市一の宮学園町 2-1
　　　電話 083 (256) 1111（代表）
発売　図書出版花乱社
　　　〒810-0073 福岡市中央区舞鶴 1-6-13-405
　　　電話 092 (781) 7550　FAX 092 (781) 7555
印刷・製本　瞬報社写真印刷株式会社
ISBN978-4-905327-73-8